LOS VIAJES SECRETOS

EC
EDITORIAL CÁNTICO
COLECCIÓN · DOBLE ORILLA, NARRATIVA

DIRIGIDA POR RAÚL ALONSO

cantico.es · @canticoed

Suscríbete a nuestro blog en
 @canticoed

© David Lorente Fernández, 2025
© Editorial Almuzara S. L., 2025
Editorial Cántico
Parque Logístico de Córdoba
Carretera de Palma del Río, km. 4
14005 Córdoba
© Fotografía del autor: Ana Delgado
Imagen de cubierta: *Una ninfa del mar* (1881) de
Sir Edward Burne–Jones. Original en el Instituto de Artes de Detroit.

ISBN: 978-84-10288-93-5
Depósito legal: CO 1391-2025

Impresión y encuadernación:
Gráficas La Paz

DAVID LORENTE FERNÁNDEZ

LOS VIAJES SECRETOS

LIBRO DE RELATOS

UNA EXPERIENCIA DE DESCUBRIMIENTO
POR ESOS OTROS MUNDOS QUE ESTÁN EN ÉSTE

EDITORIAL CÁNTICO

COLECCIÓN DOBLE ORILLA  NARRATIVA

A mamá
A mi padre, con su sol en casa nueve, como yo
A mis hijos, Alejandro y Leo
Para Ana

*A quienes buscan
más allá de la certidumbre*

Cuando se abandona lo aprendido,
desaparecen las contrariedades

Tao Te King

VIAJAR, DESVELAR

Secreto hace referencia a algo que está oculto y puede, en ocasiones, desvelarse. Muchos secretos surgen espontáneamente cuando uno sale de su ámbito inmediato, lo que ocurre a veces en los viajes. Si el viaje es genuinamente una experiencia de inmersión y de conocimiento, el secreto puede presentarse. Pero, ojo, un secreto puede ser algo público: una realidad que existe para aquellos que la comparten —pero sólo para ellos— y el reto, lo difícil, el privilegio es acceder al grupo o a la persona que se instalan en él.

Secreto es saber que los espíritus que viven en los ríos y arroyos de México habitan en palacios de cristal, y que ciertas personas sueñan debajo del agua para contactar con ellos. O que los desiertos costeros peruanos, con toda la belleza de sus blancas arenas, nutren su deslumbrante luminosidad de una oscuridad marina que acecha destructora bajo la superficie. Secreta es también la muerte de un narco-sacerdote quien, antes de estrellarse con su avioneta en la ladera de una montaña y dejar el fuselaje en forma de cruz, depositó a su amante en una pista improvisada, mientras el viento esparcía las prendas blanquísimas de una maleta abierta.

Los viajes secretos es una confesión. Cerca de veinte años involucrándome en viajes de descubrimiento, en busca de significados. Muchos de los que cuento en este libro me han acompañado,

13

como una experiencia paralela, a veces como una vida personal, en mi trabajo de antropólogo. Otros literalmente me han atropellado. Son mundos de vértigo en los que, si avanzas unos pasos más, puedes caer.

Dice Carmen Martín Gaite que las historias nacen ya como tales al contárselas uno a sí mismo, antes de la necesidad, que viene luego, de contárselas a otros.

Yo vivo siempre registrando. Anotando. Redactando. A veces grabando entrevistas. Una deformación profesional. Por eso, antes de escribir, acosado por el prurito del rigor, expurgué mis libretas de notas, revelé fotografías que sólo tomé en mi mente, descifré apuntes al dorso de libros y servilletas, transcribí grabaciones rescatando, entre bisbiseos, testimonios y confesiones. Yo meto las cosas en cajas, como hacía Humboldt, por temas; universos cerrados y contenidos, siempre ampliables. Las abres y hasta huele: a papel, a jabón de hoteles, a muestras de plantas, a incienso de los Andes.

Exhumé entonces una mezcla desordenada de materiales de mis cajas para precisar detalles, ambientes, personajes. Un collar de un chamán, una vasija tarahumara, un billete de avión. Elegir los materiales y el orden de la exposición es invención; todo lo demás es cierto.

I

PRIMERA PARTE

PLANO SECUENCIA EN LA CIUDAD DE LIMA

He llegado y llego a Lima muchas veces y quedo siempre atrapado por la fisonomía de la ciudad, esa desmesura de edificios de colores desleídos y la apoteosis de la avenida Tacna que se conserva tal y como la imaginas al inicio de *Conversación en La Catedral*. Desde que Zavalita salió del periódico La Crónica y vio el mediodía gris, todo sigue igual, un escenario literario sin adulterar. Avenida Tacna: alegoría en sí misma, cautivadora, mostrando las inmensas moles detenidas en sus colores azul o amarillo que obligan al transeúnte a detenerse y reconocer algo trascendente detrás de la decadencia y la ruina. Y uno reflexiona ante esa atmósfera sin amor que aún tiene empero la frescura de la realidad real, sin desvirtuar. Fachadas azules y amarillas de las que quieres quitar la vista y no puedes... Pero el vendedor de palomitas que empuja su carrito bajo el sol te saca de las disquisiciones literarias y te devuelve a una vida que transcurre y es el mundo de hoy.

Esos taxis amarillos —la calle entera—, ese río caudaloso entre el tráfago de transeúntes y los cláxones y detrás de ti está el rosa de Santa Rosa de Lima, el convento, y hay que entrar. Ese lugar sagrado con su patio de sobriedad exultante y el olivo aclimatado y la ermita de adobe de Santa Rosa y un pozo de peticiones donde uno ve a fieles de verdad acercando con una escoba las cartas detenidas a medio camino para dirigirlas hacia las profundidades y también pones tu velita ante la figura en yeso de la santa antes de regresar a Tacna y recorrer las tienditas con los santos, crucifijos, limpias, leo cartas, cactus san Pedro cortados y alineados en cajas como proyectiles verdes sobre la avenida, cuidan tu casa, plántalos, porque silban y espantan al ladrón, y la explanada del convento ya quedó atrás pero los turrones Doña Pepa te asaltan y no, no quiero, tome, pruebe, no, el Señor de los Milagros y ya voy caminando, gracias a Dios, hacia el Jirón de la Unión.

Saturando el Jirón corre un río de gente que varía con el día, la estación, la hora: serranos, amazónicos, afroperuanos, costeños y limeños de San Juan, sí, de Lurigancho, del Cercado de Lima o el Callao. El ir y venir del Perú de todas las sangres donde yo me quiero a veces confundir, y arriba el cielo: una cinta gris en invierno, fuerte luz azul en verano que hace brillar las paredes y lucir los colores amarillos, cremas, ocres del Jirón. Ajedrezado, embaldosado, cada vendedor, cada esquina. Fachadas intocadas o recién estrenadas, zapaterías en rebajas, cines huachafas, aroma de heladerías o pollerías haciendo cola, alguna balconada calcinada tornada sin intención en leyenda tras el incendio, incorporada al acervo de vida irrepetible de la ciudad, álbum de fotos que incluye historicidades y no sólo instantáneas de Instagram. Y el hombre que grita llamadas, llamadas, llamadas... Puedes hacerla en su celular y pagar al final, viajando libre de él por las calles, qué liberación. ¡La modernidad de alquilar tu celular y olvidarlo al colgar! Me pareció ver a ese señor, ¿el de *La tía Julia y el escribidor*? Sí, con tenis y sus legajos. Y los vendedores de tatuajes y los cambistas de la calle, que si sube que si baja el euro o el dólar y ya ves esos dos clásicos pasajes que perforan las entrañas del Jirón, que es igual pero cubierto y luego descubierto y te vuelves a encontrar. Y escuche, si quiere usted comer vaya a la emolientería a la vueltecita o a la cevichería... ¿Le provoca? Y en la pizarra con sus trazos de colores de las tizas ves el menú del Brisas Marinas y ya te disfrutas ese caldito con sus mariscos en parihuela, ay qué cazuela, o ese chupecito de camarón con sus conchitas negras. Te guiña un ojo la sirena voluptuosa de la pared que hace emerger una cola casi fosforescente de su cuerpo multicolor, entre portada de disco de cumbia y grafiti amazónico de Iquitos, de ese barrio de Belén... Corales, peces payaso, encantos del mundo marino, «entra y jamás volverás». Y es que en este país siempre es a cuál mejor todo su sazón. ¿No almorzaban por acá esos tipos de *Los últimos días de la Prensa*? Y ya tan contento sales de nuevo al Jirón para recibir al vendedor que va caminando, mira mirando, canta cantando su mercancía: el manual el manual el manual del pendejo, pero del vivo, del avispado, siempre aprestado, en ese mundo, algo difícil, de las entrañas de la ciudad, entrevisto por el niño Julius desde la ventanilla del coche, un aguafuerte quizá naufragado, a contra corriente, superviviente.

Escucha bien porque el Jirón tiene su música, su ritmo y su canción, que es un bordoneo de mucha gente pero en el que también hay un sonido diferente que emerge como una salsa y le da vida al caminar. Distínguelo, sale de todo, son altavoces, la banda sonora, disimulada, pero apreciada, quiero-contarle-mi-herma-no-un-pedacito-de-la-historia-negra. ¿No le pegue a la negra? Y apretujado, casi empujado, imposible salirse, vas avanzando, todos andando, pasan contigo, grita el cieguito, gritos y cla-mores de anunciadores ¡vendo mascotas que son conejitos!, ¡no se comen! ¡El manual de las universidades, para el ingreso! ¡Hermano!, clama el mendigo. No le peeegue a la neeegra. Santa Engracia, la iglesia, por favor llene mi botellita con agua ben-dita, y casi sin discusión, llevado, trasladado, vas caminando sin solución, ya no hay retorno, ningún regreso. Resígnate, entré-gate, inmólate al centro de Lima la Horrible como un Salazar Bondy irreversible.

Y abres los ojos. Está ahí el gran corazón. La azafranada Plaza de Armas. Donde espere, hay unas rejas, pero ya no, ya pasó la procesión y se atraviesa una comparsa cascabelera y esos danzantes con estandarte, junto a uno disfrazado de King Kong, y se abre, inmensa, la noble plaza, ya estás, ya llegaste.

¿Pero dónde está Superman? Además de inmortalizado en el libro de Mario Testino, a ese señor, al Abelino, aún lo ves hoy en los soportales y seguro es el único hombre en la Tierra que vive a diario de ser Superman: traje azulado y lentes de pasta, flequillo curvado, engominado, gabardina roja en vez de una capa y ese caminar, como en el cine, te explica él, y ves y te miran los caballos de la carroza de época apostada a un costado, cielo ampliado, y ya alcanzas el palacio nacional donde la guardia presidencial —platea los instrumentos el sol— interpreta las músicas más modernas a ritmo de marcha militar. El Rocky's con su licuado jugo multicolor de frutas surtidas pero te distraen los *selfis* ante la fuente inaugural, frente a la catedral, monjas, gringos, adolescentes, fotógrafos salidos de un tiempo anterior; te detienes un minuto, a esperar. Y levantas la vista.

Piramidal, bien recortado. De día, casas y casas, coloreadas, escalonadas, acumuladas, hasta la cima con su explanada. Subes en el pequeño bus al Cerro San Cristóbal: inmensidades urbanizadas, azul-verde-lima-rosa-naranja-rojo-turquesa sus fachadas, casas y casas intercaladas, sobrecargadas, es ese vértigo en diagonal, vida exultante, te sobrecoge. Ascenso en una triple espiral. Y suspendidos en las alturas están los altares, llameantes de velas, llenos de peticiones a la cumbre amarilla más alta de Lima, el gran Cristo-Cerro tutelar. ¡Y ves a lo lejos el mar!

De noche decidiste bajar hacia el río, buscar el puente Rayitos del Sol, un lugar-tránsito que es un lugar. Cientos de gentes como hormiguitas buscando el transporte a sus casas tras el trabajo. Asistir al espectro iridiscente, intermitente, de los multicolores rayos del astro rey. Suspende sus pasarelas amarillas primero sobre el río, está allá abajo, no hay que mirar, pero después está abajo la gran avenida Evitamiento y uno, intrigado, puede sobre sus barandillas acodarse en plena noche a observar. Corre a tu lado en dos direcciones un torrente de gente. Y abajo pasan pegados unos a otros, y lo ves por encima, los remolques de mercancías abasteciendo a la ciudad —papas, yucas, lechugas—, camiones con muebles, coches desvencijados y algunos importados, motos intersticiales interminables en su discurrir. Pero levantas la mirada y domina el perfil del Cerro San Cristóbal. Dale tu adiós. Recortado contra el cielo nocturno, casas cerca de la cumbre, uno imagina los Andes allí enclavados, camuflados, contenidos, como los santuarios excavados en la roca llenos de peticiones y velas de colores.

La mañana siguiente o el día anterior, no recuerdas, llegaste al mar y regresaste, avanzabas hacia la costa, esa otra Lima, cerca y vecina, pero tan lejos, siempre distante, nunca nombrada con ese nombre sino aludida por los distritos que ribetean sus acantilados a orillas del mar. El olor salado invade la atmósfera y surge la línea brumosa, promesa de brisa, mar turbio y cegado, esmeraldado, gema opacada, algas que flotan, fragor apagado de ese Océano roto en espumas, de piedras negras, verde botella.

NO TRATES DE GRABAR
A UN CHAMÁN AMAZÓNICO

Los libros pueden responderte a cosas de la vida por eso que Jung denominó sincronicidad. Se llamaba Loyver y guardé el papelito en el bolsillo al entrar en el supermercado de Barranco. Me lo había dado el indígena del puesto de artesanías por si volaba a Pucallpa. ¿Qué más iba a querer un extranjero que tomar ayahuasca con un chamán amazónico? Pero yo no quería tomar ayahuasca, quería hablar con un shipibo sobre los delfines rosas del Amazonas que se hacen mujeres y salen de noche a seducir hombres confundidos para llevárselos al fondo del agua y vivir con ellos; quería preguntarle sobre los barcos fantasma brillantes de luces que surcan los ríos con una pléyade de seres acuáticos humanizados asomando por la borda; de la gigantesca anaconda o yacumama, madre del agua, que hace que los torrentes sean caudalosos o se sequen en función de su presencia o ausencia en las profundidades... Con el papelito en mi bolsillo caminé al parque de Miraflores, lleno de esos gatos sagrados que campan a sus anchas entre la gente como las vacas de otras latitudes, y, con la mente perdida, paseé la mirada inconsciente por el entorno. Me descubrí observando una enorme vasija de diseños reticulares que me interpelaba desde el otro lado del parque, llamándome como una señal imperiosa. La escultura de una vasija shipibo de dimensiones colosales. Mi mente —digo, mis ojos— allí posados. ¿Tendría, a fin de cuentas, que viajar a Pucallpa?

Pese a las medidas por el coronavirus, el avión estaba atestado de pasajeros diversos que volaban desde Lima durante la hora que el aparato tardaba en atravesar el este del país y descender, entre el verdor, junto a la laguna de Yarinacocha, marrón espejeante y ribeteada de barcos que cargaban plátanos.

El calor del trópico se impone y aturde oprimiéndote con la humedad, y lo único que te libera es la velocidad del mototaxi que zumba por las calles entre un enjambre de miles de esos vehículos hechos de barras de aluminio y plástico que invaden la selva, la costa y la sierra peruana. Como abejorros enloquecidos, disparados petardeando en una carrera improvisada, avanzan hacia los mercados, vienen del embarcadero, traen gente al aeropuerto, llevan a mujeres voluminosas con hijos en la pequeña cabina de lona azotada por el aire de la velocidad mientras el conductor, inclinado sobre su motocicleta en actitud retadora y velocípeda, se entrega a las calles bajo un estruendo de motores, pitidos y cláxones con una vocación y una concentración desconcertantes. Semidescapotables, bien ventilados. El viaje son un par de monedas y estás ya en algún lugar, en este caso en una terminal de taxis desvencijados que viajaban hacia las comunidades shipibas en una de las cuales vivía el mencionado Loyver.

Camino de polvo, salto en las piedras, tierra en las ventanillas empañadas, y un emborronamiento en suspensión filtrándose por las rendijas del vehículo destartalado que se sacude como lata remolcada por un coche y atada con una cuerda. Una hora con paisaje monótono de tierra erosionada, ruido ensordecedor, vibración recurrente, y en un momento como otro cualquiera se detuvo ante la señal: San Francisco.

Caía un sol a plomo y había una sensación incómoda en el aire. Un espacio abierto, despejado. Casas de madera, una tienda de abarrotes, con un señor comprando. Pesadez inexplicable del cielo detenido sobre la estampa, decolorada, de la población.

El dueño del puesto de comidas era pariente de Loyver; tras venderme un menú de arroz con pollo, me indicó su casa. El chamán estaba en la ciudad y, mientras lo localizaban, su mujer, su madre y sus hijas, vestidas con los vivos colores en retícula del atuendo shipibo, trataban de venderme artesanía a precios exorbitantes.

Cuando pensaba ya en marcharme, poniéndome de pie, llegó el chamán. Yo entendía que hubiera preferido quedarse en la ciudad trabajando por si el extranjero no venía y perdía un día de salario. Y llegar a San Francisco desde Pucallpa, ya lo sabía, requería de tiempo y paciencia. Pero allí estaba, a bordo de un mototaxi, dispuesto a cumplir con su promesa. ¿Qué es lo que quería conocer de la comunidad nativa? Había danzas, faenas comunales, viviendas para ver...

—Al río —le dije.

—¿Al río?

—Cuénteme de los bufeos, de historias de acá de cuando era niño, esas cosas relacionadas con el agua... —Me quedé mirando el ancho río Ucayali, de aguas marrones, un afluente del Amazonas.

Sonriente —era un tipo joven, de unos cuarenta años, plácido, con actitud bondadosa y amable, de aspecto cualquiera—, me llevó, cruzando casas, por un largo puente de madera roja que se extendía como un escenario de antiguo ferrocarril, hasta llegar al río. Parecía contento con la idea de hablar sobre el mundo oculto del agua, seguramente Loyver se dio cuenta de que algo sabía yo.

Bajando los escalones surgió un río perezoso, lentísimo, que tenía una orilla amplia y en declive, cuya parte superior, por donde caminábamos, estaba cubierta de árboles espaciados y vegetación. Loyver comenzó con que le gustaba ir allí a pasear con sus hijas y luego fue desgranando que aquella plantita servía para tal cosa y ésta para otra, revelando un sofisticado conocimiento botánico que se quedó en nada cuando le pregunté si era cierto que los bufeos, los delfines rosados del Amazonas, salían de noche convertidos en personas... Y sí, sí que salían, porque una noche había aparecido en una fiesta un hombre, tocado con un sombrero —que encubría su orificio de respiración— y lo habían visto perderse con una joven hasta el borde del agua; después, nada se había sabido de ellos... Pero... Pero aquello no parecía ser muy relevante para Loyver y de pronto estaba escuchándolo, en tono de confesión y entusiasmo, describir el interior de un mundo luminoso, con una radiación más propia de la luz artificial que de la de aquí, en el que una ternura inusitada, casi hiriente para el visitante, dominaba entre sus habitantes. Y había toda clase de animales acuáticos que él percibía como humanos, gente que le trataba con mucho afecto, con la que se sentía muy a gusto. Peces raya, peces gato, paiches... A veces era posible ver, por la noche, el gran barco iluminado con bombillas que llevaba a toda esta pléyade fantástica sobre el agua, en lo que no estaba claro si era una aparición perceptible desde la orilla o una visión reservada a los iniciados... Y entonces pasó a hablar de la anaconda, la madre del agua, que mantenía continuamente abastecidos los ríos, cuyas crías hacían prosperar las pequeñas lagunas, y habló de las tormentas de relámpagos que este ser hacía caer del cielo si se lo molestaba, azotando cualquier cosa a su alcance... las serpientes y los rayos, revelando el vínculo entre el interior de las profundidades del río y los fenómenos meteorológicos...

Una de las ventajas de grabar es que permite deleitarse con una narración sin retener nada, gozar con la tranquilidad de verlo todo cayendo en una red, acumulándose... en la grabadora.

Creció el entusiasmo de Loyver, su voz cobró brillo y matices y se lanzó en una suerte de relato íntimo sobre la demografía de ese mundo subacuático paralelo y coexistente con el de los seres humanos, cuyo acceso, sin decirlo latía implícito, se lo permitía la toma de ayahuasca. Había oído el llanto del bebé anaconda llamando, en una laguna, a su madre que vivía en el río, algo inaudible para las personas comunes, y describió que la ropa de los seres acuáticos era otros seres acuáticos: los cinturones del bufeo eran serpientes, su sombrero, un pez raya...

Con la pasión desbordante del naturalista yo veía el tesoro que suponía ese relato, lleno de mitos, como el raro escarabajo descubierto y atrapado en la caja. Cuánta luz, cuánta viveza en el testimonio. Unas imágenes que me envolvían llenas de color. Lo oía y el gusto de perderme en mis pensamientos para volver y otra vez distraerme pensando en cómo los giros orales del español amazónico se leerían por escrito, en la forma de presentar todo aquello en un artículo dividiendo por párrafos el testimonio. Me relajaba observando el río... permitiéndome lapsus de absoluta y hasta estimulante desatención.

Es increíble nuestra falta de memoria para la tradición oral. De memoria y de oído. No había podido olvidar nunca la sorpresa de un curandero mexicano al verme con la grabadora en la mano. Se tocaba la frente con el dedo: «hay que grabarlo aquí». La virtud indígena de registrar con absoluta precisión los menores detalles de un relato que se oye una sola vez, sin esfuerzo y con aparente espontaneidad, absorbiendo el mensaje completo, siempre me ha dejado pasmado. Incorporada la narración por ósmosis, asimilada, hecha propia. Pero no, la grabadora desvía el contenido de la dimensión vivencial a la caja fuerte de los tesoros académicos. Es imposible, grabando, hacerse chamán, y tal vez por eso odian tanto los chamanes las grabaciones.

Nunca he cultivado la memoria de la oralidad. Grabar es el vicio nefando, una concesión a la pereza. Loyver me habló de tantas cosas que por pura rabia he olvidado.

Duchado y descansado en el confortable hotel de Pucallpa, antes de ir a cenar, busqué la grabadora y, desplazando el dedo aquí y allá sobre el archivo digital, escuché regocijado la voz de Loyver y vi el barco fosforescente y los peces rayas, y moviéndolo más a la derecha, la anaconda descargando la tempestad eléctrica desde los cielos sobre el río. El cuarto de hotel desapareció y estaba en la selva. Un vicio peor es posponer la transcripción.

Al día siguiente, la grabación no estaba. Abrí cientos de veces el archivo, pero no. Y miento, sí estaba la grabación, pero sólo los pasos por el puente rojo que se asemejaba al de un ferrocarril, las pisadas espaciadas en las escaleras, e incluso al fondo un sutil rumor del río; pausa, después nada.

Todo aquel tesoro se había perdido. Todos los detalles, todas las imágenes luminosas, todo el esfuerzo del viaje: la carretera, el taxi polvoriento sacudiéndome sobre las piedras durante horas. Incluso la ida a Pucallpa. Pero ¿por qué lo hizo? ¿Cómo lo supo?

Es probable que parte del castigo consistiera en no hallar una respuesta... o al menos en postergarla.

Tiempo después, de regreso en México, me acudía a la mente a ratos la frustración, la impotencia, el auto reproche y el remordimiento. La duda: ¿será posible? ¿Pero cómo se hace?

Inquieto, meses más tarde seguía dándole vueltas a mi grabación desaparecida.

Leía entonces un libro fascinante: *Las tres mitades de Ino Moxo y otros brujos de la Amazonía*. Y lo abrí, distraído, como suelo hacer, por una página cualquiera. Y de inmediato, por el pálpito más que por la decodificación visual, supe que lo que iba a leer ya lo sabía. Que compartía la misma experiencia de *Ino Moxo* y sabía con certidumbre que no estaba inventada. Que me iba a explicar mis dudas. Que aquello era la respuesta. Y que era tal vez el propio Loyver el que me mandaba una explicación y una advertencia con aquella sincronicidad libresca. ¿A qué otro recurso podía haber acudido si no para explicarme aquello?:

«Sin que [el brujo] don Hildebrando lo supiera yo grabé todo lo que conversamos en esas cuatro noches. Más por mi inseguridad que por su timidez supuse que no aceptaría guardar su voz en una cinta afónica. Con disimulo encendía mi grabadora asegurándole que se trataba de un aparato de radio y orientándola hacia la banqueta donde él solía sentarse. Extinguida la charla regresábamos al Hotel

Tariri. Ya en la habitación, acompañado únicamente por César, retrocedía la cinta, escuchábamos. Todo se oía, los ruidos de la noche, los plañidos del piso de tablas sin pulir, mi voz, las preguntas de mi primo, hasta el chasquido de Yando al encender un cigarrillo. Todo se oía, todo. Pero ni una palabra de don Hildebrando. Ni una sola palabra suya, en ningún momento, en ninguna parte de la cinta grabada. La primera noche lo atribuimos a algún defecto del micrófono incorporado, tal vez mal dirigido, acaso demasiado distante. La segunda quisimos creer en cierta insuficiencia del volumen de grabación. La tercera noche no encontramos excusas y la cuarta preferimos no interrogarnos más».

Si Loyver y don Hildebrando sabían probablemente que los estaban grabando, ¿por qué contaron su historia? ¿No habría sido más fácil callarse o interrumpir la narración? Quizá sí querían ser escuchados. Pero de otro modo, con atención, asimilando en nuestro ser sus experiencias. La decisión de narrar obedecía a una voluntad de transmitir vivencialmente. No cabía la grabación. Hildebrando eliminó su voz; Loyver cortó la grabación al comienzo como una suerte de firma de su autoría. Fallos que no pueden atribuirse a errores técnicos. ¿Qué mejor manera de atestiguar su carácter de chamán? Una cosa es que su voz viviera en nosotros y otra que fuera extravertida y se convirtiera en objetos. Eso no.

Pero más allá de los mitos principales, de las imágenes llamativas, yo lo había olvidado todo.

DESIERTOS COSTEROS DE LUZ

Luz azul de amanecer

En los desiertos costeros de Perú a veces se ve el mar y otras no; a menudo la sucesión de tierras luminosas define una ondulación de tonalidades tizas, cremas y ocres... Hay algo palpitante en ese paisaje de dunas y elevaciones gigantes, a la vez livianas y encubridoras de un pasado silencioso, de un algo trascendente. Por tierra, el viaje permite captar en movimiento el dinamismo callado de las arenas.

Cada quien tiene sus santuarios personales y algunos de los míos están en Perú.

Hacia el sur, el tramo de unos pocos kilómetros que separa la ciudad de Nazca de la casa de María Reiche es uno de ellos. Ideal para caminar solo y a pie. Visto desde el aire uno es un punto aislado en la gran ruta Panamericana que atraviesa, cortando de tajo, las líneas de Nazca. La cruzan a intervalos camiones de carga, llenos de verduras y frutas que van a Lima. Succión de aire levantado. Hay algo de peregrinación en esta ruta desolada. En Fiestas Patrias vi tirada en la cuneta una banderita roja y blanca sobre el polvo de las líneas. Volada de un camión, el viento hizo su ofrenda tendiéndola sobre el perfil de las líneas con una precisión sospechosa.

Los fragmentos cerámicos que tachonan la cuneta despiertan en uno la inspiración de la infancia en la playa, recorriendo la interminable línea de varado: conchas, caracoles, carcasas de erizos, en ocasiones troncos con percebes, garrafas rajadas que fueron boyas, amontonamientos de algas... Hermosa imagen esa de línea de varado, que puede trasladarse a otros entornos: 'la línea de varado es la marca de restos de arribazón que, sobre la arena de la playa, ha dejado la pleamar. Esos restos nos dan información sobre los organismos que viven en la zona litoral, en las áreas batidas por el oleaje y sometidas a las mareas, así como los bentónicos de aguas poco profundas o incluso los pelágicos que fueron arrastrados tras una tormenta'. Tesoros a veces insustanciales, ¡pero qué placer infantil el de encontrarlos! Vestigios de un mundo invisible, atisbado en sus residuos.

La cuneta muestra fragmentos cerámicos y uno recuerda en el acto la costumbre extendida en el antiguo Perú de ofrendar vasijas a las deidades quebrándolas contra el suelo. ¿Dónde leí que hallaron en las líneas pedazos diseminados de la cerámica polícroma de Nazca rota al ofrendarles vasijas a los dioses locales? Y que había conchas rojas y erizadas enterradas en pequeños montículos cercanos. La mezcla del polvo blanquecino con el color de las ofrendas excita la imaginación.

En la ruta domina el blanco y los ocres, distinguiéndose cerros bajos en la distancia. Las sendas de pies sugieren que alguna actividad justifica el ascenso a sus cimas: ¿Pastoreo de ovejas o cabras? ¿Huaqueros furtivos buscando ajuares funerarios? Hay en Nazca pampas de arena huaqueadas con retazos de textiles, cráneos y trozos de vasijas diseminados bajo el ardiente sol...

La casa de María Reiche se alza sobre la carretera a la derecha, a pocos kilómetros de allí. Baja, blanca, aislada. Con varias dependencias austeras, una furgoneta Volkswagen desleída por el clima, un jardincito con las lápidas de la matemática y su hermana. Con respeto más que insolencia, las cosas siguieron su vida y muestran su existencia gastada en el presente. Algunos turistas perdidos recalan siempre por allí. Hay mapas de las líneas afectados por el deterioro, vitrinas con huacos que tal vez desaparezcan con el tiempo y un dormitorio que recuerda el de los santos: un catre, una jarra para lavarse, planos fijados en las paredes. Adobe marrón sin revestir. Y la pregunta de si para que el espíritu de un lugar perviva en sus dominios no habrá que mantener lejos esa obsesión restauradora, que mata el ambiente inasible. Dejemos de restaurar. Y aceptemos la muerte natural de los objetos. Asumamos que su vida también tiene un final. Dejar envejecer en un largo proceso en que las cosas, si son naturales, regresan y se funden con el paisaje. La vida latiendo en la belleza natural de la disolución, las conchas se hacen arena, las vasijas, tierra.

YouTube registra una de las últimas entrevistas a María Reiche. Pero ya no habla la estudiosa de las líneas; habla una anciana sobre la luz azul de amanecer. Crepúsculos limpios, amplísimos, el suelo amarillo pajizo, entre las figuras de la pampa. Pero el azul. Y el azul. Hay una experiencia trascendente. Sinestesia. Un paisaje que es un azul inefable y la clave es ese azul... Era ya una anciana, murió poco después.

La palmera de las serpientes marinas

Viene a mi memoria un pueblo de Ica, Cachiche, de nombre evocador como muchos otros lugares de la costa peruana. Ca-chi-che. Ligereza, blancura, casas de quincha. *Quincha* es otra palabra revestida de sugestivas connotaciones: muros de caña que se cubren de barro para hacer cercas, corrales, chozas, todo tipo de construcciones que parecen salir de la misma tierra. Cachiche es un caserío tachonado de guarangos, ese árbol emblemático de la costa tupido de ramas en filigrana y espinas. Hay una belleza ascética en estos duros árboles, gruesos y retorcidos, con formas desconcertantes, supervivientes en Nazca a la sequedad extrema. Entre ellos, casas bajas, tierra polvorienta.

A través de un dédalo de viviendas de fachadas descascaradas, recorriendo en mototaxi calles sin pavimento, llegas a un lugar de Cachiche que se abre como una explanada; lo contornean tenues muros de adobe. Sin saber cuál es exactamente el lugar central de ese espacio, se intuye que debe ser el tallo del que parten la serie de tentáculos anillados que constituyen los troncos ondulantes de una palmera. Lo que produce la inquietud es que no son erectos, sino que avanzan rastreros por la tierra. Parecen serpientes resecas en sus movimientos reptantes, o los tentáculos de un pulpo gigante que, al convertirse en vegetal, le hubieran salido lo que sólo pueden llamarse escamas. Horror, atracción. ¿Dónde anida la extraña fuerza que te hacer acercarte a mirar, como esa gente que se detiene en la calle al ver un accidente?

Hundidos los troncos en tierra a intervalos, asomando otros trechos, dispersándose, parecen culebras petrificadas. La extrañeza del crecimiento persuade de que algo ajeno al curso natural de las cosas intervino en su formación. Incomodidad de que la palmera sea sólo la expresión de la tenebrosa fuerza que la produjo. Usurpando su forma normal, tornándola ofidios, ovillo extendido de serpientes que se enroscan unas en otras, estás ante el misterio tremendo y fascinante, lo sagrado que se manifiesta, aunque este espectáculo no es siempre como lo cuentan. ¿Está vivo *eso*?

Unos chiquillos que salen de las casas cercanas canturrean «la palmera de siete cabezas, la bruja de Cachiche; cómo surgieron las serpientes que son sus troncos petrificados. Y el peligro de la séptima».

Nacidas todas de la misma raíz, entre las seis cabezas serpentiformes aflora, de vez en cuando, el brote nuevo. Que se llame de las siete cabezas habla de una completitud que se debe evitar. Dice la profecía que un diluvio mitológico hará que la ciudad de Ica quede sumergida en el agua. Lluvias torrenciales, ríos desbordados, desbocada la potente proximidad del océano Pacífico que encabritado mata con su bravura y olas impetuosas. Fuerza torrentosa vertida en la costa peruana. Palmeras serpientes, serpientes marinas. La palmera sobreviviendo en su aridez pero también la palmera revistiendo la identidad original de un pulpo marino, que encubrió su cuerpo tentacular en las distintas cabezas de sierpe cuando recaló en la orilla de la costa tras una contienda en el origen de los tiempos. «Entonces, según entiendo —le pregunto a uno de los niños—, ¿esta palmera de poder destructor, con apéndices serpentinos, oceánicos, diluviales, anegadores, fue en su origen un inmenso pulpo?»

Era una palmera normal. Erguida. Pero las muchas brujas que vivían en Cachiche quisieron conocer el futuro y le preguntaron por la noche, en su reunión, al demonio. Y éste, que dirigía la asamblea, exigió a cambio del conocimiento sacrificar a una de ellas. La señalada huyó y subió a una palmera. Tratando de hacerla bajar, las otras brujas le arrojaron hechizos que, como rayos, golpearon las ramas sobre las que iba saltando: una, dos... hasta llegar a la sexta. Las ramas se doblaban y pasaban de su posición erecta a la ondulada de las serpientes, bullendo alrededor del tallo. La séptima se rompió justo cuando la víctima en fuga saltaba sobre ella y, en su caída, la bruja profirió su maldición. «¡Cuando esta rama brote, Ica se hundirá!»

Pese a la atención impenitente de los habitantes de Cachiche, en 1998 algo pasó. Se olvidaron de examinar si algún brote apuntaba en la gruesa matriz que asomaba de la tierra. Y creció el séptimo tallo. Subrepticio. Hoy se ve pintado de rojo el tocón donde le dieron machetazos hasta cortarlo. Pero para aquel momento el agua llegaba ya casi hasta Cachiche, salida del mar y los ríos y las lluvias torrenciales. Todo era agua. Una inundación cubrió Ica casi por entero. Poco le faltó a la palmera para ser de nuevo el pulpo original sumergido en la costa antes de transformarse en la palmera sobre la que saltó y huyó la bruja del sacrificio.

La mujer fue real. Se llamó Julia Nasaria Hernández. Murió a los 106 años en Cachiche. Hay exvotos cerca de la palmera, prueba del culto popular.

Oscura fuerza del océano

Eufonía de nombres costeños. Túcume tiene arenales y tierras blanquecinas: arbustos espinosos, claror abrumadoramente seco, campos de algodón que perfilan los caminos.

Está hecho de numerosas pirámides de adobe; el paisaje arqueológico de Túcume es el de montículos arenosos como termiteros carcomidos de superficie rugosa, un entorno vistosamente árido, devastado, poblado por raquíticos árboles de guarango que aquí en la costa norte reciben el nombre de algarrobos.

Dentro de Túcume se yergue el Cerro Purgatorio. Alargado, bajo, estriado. Color arena, horadado, como una mole horizontal desgastada, de aspecto amable. Nunca pensarías que se trata de un centro regional de brujería. Allí suben, allí hacen sus rituales bajo los algarrobos, allí entregan ofrendas los brujos negros.

Pero al Cerro Purgatorio se le llama también Cerro La Raya. Nada tiene que ver su nombre con una línea, sino con el pez marino de aletas que son alas y aguijón venenoso. La Raya es el Cerro y la raya es el pez que nadando o volando llega desde el cercano océano cuando azota el fenómeno de El Niño. Este animal de aspecto siniestro y maléfico lo describen los brujos como una manifestación del diablo. Llega el pez, llega el diablo en medio de las aguas embravecidas que a veces se acumulan en lagunas espejeantes que circundan el cerro. Y este mensajero que viene con el cataclismo oceánico es esperado como el gran iniciador de los brujos.

También la raya aparecía, poderosa, asociada con deidades precolombinas, en el pasado de la costa.

Hoy la raya encarna la manifestación del océano devastador, la llegada al mismo tiempo del agua y de un ser maligno cargado de su poder. Deslumbra la presencia de semejante animal en la tierra, confinado en las pequeñas lagunas como si por un breve espacio de tiempo visitara el dominio del hombre. Adorar al extraño ser animado por la fuerza del agua permite acumular poder para practicar maleficios, como si el príncipe de la destrucción marina pudiera transferir algo de su esencia a los brujos que buscan la devastación en el dominio humano.

Cuando los brujos hablan de la raya, cuando la gente de Túcume se refiere a la llegada inquietante de este animal a la tierra, pareciera que no hablan de otra cosa que de la pulsión del mar desbocado. Una tensión oculta, escamoteada a los ojos, al acecho, a veces invisible, actuante.

La costa soleada de amplios arenales, lugar de mis santuarios, de quietud armoniosa y prístina, ¿obtiene su energía luminosa de la fuerza tenebrosa y dionisiaca albergada en sus raíces?

HUYENDO EN MOTO DE LOS ANDES

Bajaba por las escaleras mecánicas de El Corte Inglés cuando, al llegar el peldaño en el que iba a la siguiente planta, me desperté con un sobresalto vertiginoso: sabía que estaba en una cabaña perdida en los Andes. Una casa de adobe, sin luz, agua, sin nada a la redonda. Me quedé paralizado y no sabía si salir o continuar soñando. Toribio trajo una taza de té de hierbaluisa y me preguntó qué había soñado; le dije que con un policía. No le mentía, había uno en la planta baja. «Tú ya sabes que eso es el espíritu del rayo o de la montaña cuando lo vemos en sueños. ¿Hiciste ayer bien la ofrenda?»

El sol de los Andes azotó mis ojos, aturdido como estaba entre dos realidades. Y venciendo la ansiedad de la crisis, bebí un sorbo de hierbaluisa. El rayo, entonces.

Tras el desayuno estaba ya bien asentado en esa aldea casi despoblada del sur de Perú, a la que había llegado en distintos vehículos, atravesando planicies, la superficie barrida por el viento del altiplano, sobre un puente que franqueaba un río de piedras cantarinas, por un largo camino atardecido entre arbustos de gramíneas. Y allí estaba. Un paraíso al margen de todo, de las rutas turísticas, las empresas mineras. Rodeado, inmerso entre montañas grandes y pequeñas, peladas, sin vegetación, con la icónica silueta de alguna llama recortándose contra el cielo azulado, limpísimo.

Llevaba pocos libros en mi mochila. Casi no hay momentos para leer entre el tiempo pasado fuera, el mal de altura, las noches de dejarte caer en la cama de mantas de lana. Uno de mis libritos recogía algunos de los más bellos cuentos de Arguedas. Y entre ellos, quizá, mi preferido. Habla de un bailarín que está a punto de morir de vejez dentro de su cabaña. Arguedas describe como nadie los haces de luz que van tocando toda clase de objetos que resumen la vida andina. Y en el clímax del cuento, casi al morir, el danzante transmite su don a un aprendiz. No lo hace él; lo hace la montaña que le había dado el don. En forma de un ave que revolotea sobre la cabeza del anciano para volar a continuación sobre la cabeza del aprendiz. El lector se entera entonces de que la montaña aparece como un ave que toca a los elegidos.

A Toribio las montañas le habían dado un don para hablarles y que le entendieran, alimentarlas y pedirles favores en nombre de otras personas que lo buscaban por sus servicios. En una tierra conformada por montañas como son los Andes, hablar con ellas e involucrarlas en la vida es sumamente importante.

Toribio sabía llamar a las aves de las montañas. Había que ser fuerte, diestro y lograr convocarlas. A veces llegaban como cóndores, y tener un ave de tres metros de envergadura dentro de una casa de adobe no era tarea sencilla. Si es cierto o no, si llegan o es truco, es algo sobre lo que los investigadores no se ponen de acuerdo, porque nadie ha descubierto la triquiñuela del ave que revolotea e incluso toca con las plumas a los asistentes; eso sí, siempre en la oscuridad. A mí me habían tocado, y a otros antropólogos incluso les han dado un aletazo en la cara.

Lo que estaba claro es que en la ciudad no bajaban, me había dicho muchas veces Toribio. «No vas a llamarlas en Cuzco, no no no. ¡Qué mal huele allá! ¡A gasolina, a queroseno, a gas! ¡Las montañas quieren aire limpio! Vas a venir conmigo a mi pueblo».

Y una noche, encerrados en uno de los cuartos de su vivienda, que eran casitas separadas, obró el milagro. Había preparado su parafernalia ritual a la luz de una vela. Yo sabía que en muchos kilómetros no había vida alrededor. Dominaba un silencio digno de recordar y una noche dentro de otra noche, que era el interior de su cabaña, tapada la puerta de tablas con un trapo para evitar intromisiones de la luz de la luna. Olor a palosanto, vapor del licor de caña, sabor de las hojas de coca, aromas que si los hueles en México o España, como la madalena de Proust, te asalta y atropella un mundo de montañas, de ofrendas, de trascendencia telúrica y ganas de llorar.

Toribio prendió otra astilla de palosanto y una espiral aromática ascendió hacia el techo de la vivienda. Desplegaba ante mí un paño de lana de alpaca, colocaba una campanilla y ordenaba los ingredientes de la ofrenda. Los pájaros de las montañas vienen con el sonido, vienen con la llamada, y vienen a comer. En pocos minutos, sopló la vela y todo quedó en tinieblas.

Sentí el golpe en el techo de paja. Las patas y las alas chocando con la pared en el descenso hasta el suelo, el revoloteo de algo grande allí encerrado. El golpe final al posarse en el paño. Y una voz inquietante y ronca que no era la de Toribio. Era del pájaro, que yo no podía imaginar más que por el volumen del aleteo y su grave voz. Y luego llegó un ave menor, un cerro más pequeño. Ruido de animales que no ven en lo oscuro; degustaron la ofrenda, bebieron, y hablaron entre el estruendo de las campanillas. Oía dos registros sonoros diferentes además de la voz de Toribio.

Cesó poco a poco la conversación y los aleteos de plumas se alejaron, perdiéndose en la distancia. De nuevo prendió la vela. Frotándome las piernas entumecidas bajo la manta, sólo acerté a preguntar: «¿Eso era un cóndor?». Toribio levantó en la mano una pluma negra.

Otro día escuché una experiencia de Toribio que con lo único que soy capaz de compararla es con una vasija ventruda de color negro que tengo en la estantería de mi estudio. Una vasija de la cultura chimú del norte de Perú recorrida, a medida que vas dando vuelta al objeto, por olas caracoleantes que se suceden unas a otras, plasmando el dinamismo de un océano detenido por la mano del alfarero. Estilizada, su bella sencillez muestra una experiencia cultural del océano. Lo mismo que las olas de Toribio que irrumpieron aquella mañana en la cocina oscurecida —las casas de los Andes no tienen ventanas— arrastrando consigo la atmósfera de luz y espuma que ilumina la orilla. Su voz había deslizado el océano Pacífico en ese reducto de adobe teñido de hollín y batía el oleaje entre el olor del té de hierbaluisa borboteante en la olla. Fue a Lima en autobús, y, once horas después, desplazado y desarraigado, sin saber dónde estaba, extraviado —ese mundo frenético de vehículos, multitudes, aterrado ante un ascensor—, recordaba hallarse en algún lugar fuera del mundo y, sin saber muy bien cómo, llegó a la playa. Estaba allí perdido y nadie se había dado cuenta de que Toribio no había visto nunca el mar. Y aunque no lo había visto, existía en su mitología y me empezó a describir algo poblado de bocas que trataban de morderlo, de devorarlo y él que retrocedía, y me resultó confuso entender de lo que hablaba hasta que me di cuenta de que se refería a una ola. No era un bucle de agua, sino la extensión de un gigantesco ser amenazante, que echaba espuma blanca, avanzaba implacable hacia la gente y se revolvía tratando de aferrar algo para llevarlo consigo a las profundidades. Un espectáculo en verdad terrible, y yo estaba desbordado en la oscura cocina, viendo como nunca el mar. Alojado en un pequeño reducto de adobe veía un monstruo ferocísimo llamado mamacocha, la madre de las aguas, que no era en modo alguno un ser al que acercarse y que, debido a su magnitud, el volumen de lo que debía consumir era considerable. Silbó como las olas, moviendo las manos en la llegada y retraimiento sobre sí mismas, la forma en que se retiraban para comer de nuevo. «¡Bocas!». Las montañas tienen grietas y el mar tenía olas. Todos los seres las tienen, y si no se les da de comer, comen gente.

Yo ya lo sabía porque había alimentado con él a la tierra, a las montañas, al río y hasta una pequeña roca que me había traído de un pico nevado y que Toribio celebró al verla, exclamando: «¡Tiene boca!». «¿El vino que le damos es como la sangre?», pregunté. En silencio, sonrió.

En aquellos días llegó la celebración de Todos Santos y, camuflado con un sombrero negro de fieltro y ala ancha, Toribio me permitió acompañarlo al cementerio. Era por prudencia, dijo con cariño. Vestido de comerciante cuzqueño no corría yo el riesgo de ser confundido con los extranjeros que inspeccionaban la zona para determinar si se podía abrir allí una explotación minera. Entré aterrorizado al cementerio, temiendo lo que pasaría si me descubrían. ¿Cómo aclarar el malentendido? La gente tenía fama de ser guerrera —«aquí son fieros», dijo Toribio— y yo conocía las batallas rituales donde combatían varias veces al año con piedras. No había piedad para los enemigos, fueran gente del pueblo o de fuera.

El frío de los Andes da sensación de limpio, y no hay insectos, mosquitos ni pulgas en las viviendas. Puede uno taparse con una manta de lana que no haya sido lavada en mucho tiempo, y dormir muy a gusto. Dormía bajo el adobe con el universo sobre mí, desplegado inmenso con las configuraciones luminosas y la Vía Láctea.

Aunque ni él ni yo lo sabíamos entonces, Toribio iba dejar su casa para instalarse definitivamente en la pequeña ciudad que se había convertido en destino del éxodo de los campesinos. Año tras año la zona se despoblaba, las casas se iban cerrando, desaparecían los rebaños de llamas.

La siguiente vez que lo visité fue la última en su aldea. Y esto ocurrió mucho tiempo después.

Había desplazado mi trabajo de campo a aquella pequeña ciudad que, sin la belleza del pueblo de Toribio, tenía un atractivo andino con su río de guijarros canturreantes y la vida campesina allí implantada. La ciudad brindaba la austera comodidad de un hospedaje, la posibilidad de ascender a la montaña sagrada que se percibía como una mole desde cualquiera de sus callecitas, y la facilidad de desplazarse de forma barata y rapidísima en mototaxis, esos vehículos de aluminio y lona de plástico que zumbaban como abejas. Nunca imaginé que la vería arrasada, hecha pedazos, con los vidrios de todas y cada una de las ventanas en el suelo.

Ordenaba mis grabaciones y notas en mi cuarto cuando escuché el tumulto. Lejano. Luego como un murmullo inquietante. Y finalmente vi cerrar la persiana metálica que cubría la puerta del hospedaje. Vi por la ventana lo que parecía una inmensa mancha que se movía, y luego distinguí cabezas y brazos, y después cientos, miles de campesinos avanzando. Cuando estaban cerca, vi las hondas que, como armas, algunos ya estaban enarbolando, luego ese sonido como de chasquido, y los impactos sucediéndose. Era como el avance de una miríada de insectos devoradores, como si las piedras arrojadas comieran pedacitos de las construcciones.

Cuando salí tres días después, malnutrido en mi encierro, asistí a la devastación. Es difícil imaginar lo que, sin ser un bombardeo, producía un efecto semejante, pero más meticuloso, más carcomido. Los pueblos de la zona se habían sublevado contra la empresa minera que había adquirido parte del territorio. La calle parecía el escenario de una guerra civil. Vi piedras bloqueando la carretera, y, algo asombroso, las piezas desmontadas del puente que salvaba el río, un montón de fierros. Lo que me dijo el vendedor de un puestecito de la calle me llenó de espanto: «Dice la radio que va a llegar el ejército».

Para cualquiera que viva en Latinoamérica, eso significa una matazón. Entonces había que salir antes de ser considerado un trabajador de la empresa minera o quedar atrapado en el fuego cruzado. En la parte trasera de una moto vi la ciudad en retrospectiva, avanzando por una carretera cataclísmica, llena de piedras, hasta que empezaron a aparecer, perdidos, uno tras otro, después en grupos, al final en una larga hilera intimidante de color verde, los camiones militares. Ya eran una fila interminable sobrepuesta a la carretera, preparándose para entrar en la ciudad. La moto se internaba en los campos de cultivo y regresaba a la pista mientras yo veía imágenes como en sueños que quedaban atrás en los Andes —una recua de llamas hieráticas que, con sus alforjas, surgía para perderse, aparición de otro mundo, entre altos matorrales; las flores rojo sangre apoyándose contra los muros de la casa de Toribio; la estrecha quebrada que bajaba al río, brumosa en una sombra azulada—. El pavimento iba más rápido cuando aceleró el motorista y en la carretera desaparecían las piedras, desparecían mis imágenes y tras kilómetros y kilómetros y kilómetros, vi un paisaje conocido. Hormigueante.

Se detuvo en una calle de Cuzco y se fue como si no hubiera pasado nada. Miré a los dos lados de aquel escenario tan distante.

Vi el desenlace en televisión. Imágenes: el enfrentamiento del ejército con los insurgentes, humo lacrimógeno, disparos, casas picadas por piedras e impactos de bala, la estación de autobuses y las fachadas de las tiendas, destrozadas. Zumbido de helicópteros.

¿Mi mundo, destruido?

¿Qué habría pasado en los pueblos?

La última vez que estuve en su aldea recuerdo las montañas como la primera vez, su casa recortándose en el paisaje. «¡Compadre!», grité.

El humo salía entre las pajas del tejado, había alguien. Y vi su gorro andino y a su mujer caminando frente a la casa. «¡Compadre!».

En mi memoria conservo este momento como si fuera el último. Tal vez de mi vida en los Andes.

Tomando asiento, respiré aliviado. «Rezaba, compadre, porque no hubiera usted estado...» Y mientras lo escuchaba vi la honda, «¡cómo no!, ¡bonita la guerra!» Hacía con los labios el zumbido de las piedras. «Pero ésa no sirve, es para las llamas. Mire». Y se metió en lo oscuro de la casa. «Ésa no sirve, es ésta».

La repasaba entre el pulgar y el índice. «Ésta lleva cabellos de mujer, para que las piedras busquen las cabezas. Así es esto. Como la batalla, pues. Tú la has visto, la batalla, la que hacemos nosotros en el cerro de aquí. El *chiaraje*».

Se refería a una batalla en que peleaba la gente de la zona tres veces al año, disparándose piedras con ondas en el escenario de un cerro. Era un fiero ritual en el que la sangre nutría a la tierra, cargándola de la fertilidad necesaria para producir frutos. Gracias a la sangre, la tierra creaba vida. Rendían las cosechas. La tierra era como las montañas. Eran lo mismo, pero distinto.

Toribio hablaba extasiado. «A nosotros nos gusta pelear. En la batalla se gana todo, la agricultura. Si no ganas, hay hambre ese año, pues. No creas que la gente está loca para estar sangrando. Porque verdaderamente se sangra allá, uno sangra, no es cualquier cosa nomás. Heridos, cantidad, muertos también».

Y añadió, sin saber yo si se refería a esa batalla o a la otra contra el ejército: «De verdad mueres, tajantemente. Te enfrentas con puras hondas. Pelea un pueblo contra otro, uno contra otro... Caballos, gente, hondas. Van hombres y mujeres. Las canciones les ofenden a los enemigos. ¡Buena lucha es, buena lucha hacen! Y aunque lanzaron bala les pegamos bastante, bastante. Y no dejaron los cuerpos en el cerro, los llevaron con el helicóptero, pero les pegamos bastante, bastante, bastante.

»Porque cuando entregas la sangre a la tierra no hay justicia, velas a los muertos con la familia, lloras con la familia, no hay justicia. Nadie se puede quejar. Tienes que ganar la batalla, eso es lo bueno».

II

SEGUNDA PARTE

EL SANTERO DE LA COLONIA ROMA

La casa de Hugo era un pedazo de Cuba. Los objetos, el ambiente, la decoración. Hasta las personas que con más frecuencia llegaban allí eran cubanos. Exceptuando la cantidad de clientes de catadura heterogénea que ocupaban el salón contándole sus problemas. Que sí eran problemas; no de sillón de psicoanalista, sino de supervivencia, de vida o muerte.

No sé cómo mantenía limpio de malas vibras aquel salón donde confluían a diario una multiplicidad de casos extremos de una intensidad desafiante para el mobiliario de una vivienda normal. No se podía tener a asesinos, narcos, policías corruptos, sicarios y gente que olía a sangre en el aura sentados a la misma mesa en que él se tomaba siempre dos jugos de toronja en el desayuno, en las mismas sillas en que yo me sentaba cuando iba a visitarlo. Pero no se notaba nada; la vivienda siempre olía a incienso, a limpiasuelos, a hogar bien ventilado. Ni rastro de la sangre de las gallinas que se retorcían con la cabeza cortada, en espasmos, sobre el suelo, llenando de gotas las baldosas. Porque había santeros que tenían la casa sucia, oliendo a muerte, a sangre seca. Pero él no, él sacaba puntualmente todas las tardes la basura de volátiles sacrificados advirtiendo eso sí al basurero: «Éstas te las puedes comer y éstas no. ¡Oíste! Éstas no muchacho, ¡no vayas a confundirte!». Y yo pensaba qué haría el barrendero con la dotación de aves que no podían comerse y debían ir directas a la basura, ¿serían tal vez vendidas a los puestos callejeros y acabarían transfiriendo sus energías violentas recogidas en las limpias a algún cliente desprevenido? A veces es mejor no pensar. Jejeje, se reía Hugo, su despreocupación, como sólo alguien que conoce profundamente el devenir de la vida y la condición humana puede hacer. Y reivindicando su trabajo: «Pero esto de los sacrificios, lo de la sangre no es por gusto, David —me decía—, los santos comen como tú y como yo y hay que cuidarlos y atenderlos, no es cosa de crueldad, ellos comen sangre, como el gatito al que yo le pongo su comida en la acera todos los días o esos pajaritos —descorría con la mano la cortina que daba directamente sobre la calle— a los que todas las mañanas les echo sus migas de pan. Esto no es cuestión de violencia, esto es la vida». Arrancaba el filtro del cigarrillo con los dientes antes de encenderlo y se reclinaba atisbando cubanísimamente a la gente que avanzaba por la calle. Sacaba el humo por la nariz y, tras una larga pausa, disparaba: «Esa mujer de ahí, relinda, cómo camina, pues anda con el de la casa de al lado, nadie se da cuenta, pero desde aquí se ve todo».

Era un negro de más de setenta años que mantenía una juvenil elegancia con sus lustrados zapatos blancos y negros de pianista, su boina con visera y las camisetas de rayas, al que perseguían las adolescentes que debían de ver en aquel hombre vigoroso y guerrero una suerte de seguridad contra todos los males de este mundo y del otro, además de que era bastante exótico y bailaba bien. Tocaba en varios grupos de salsa pese a su condición física, que su agilidad no permitía advertir: renqueaba de una pierna, tenía un pie anquilosado, y de una mano, un dedo rígido, pero podía percutir el tambor gracias a la clarividencia del cirujano que no se lo cortó cuando lo asaltaron en el centro del DF y detuvo precisamente con esa mano el machete dirigido a su cabeza.

Hugo había sido aviador militar en Cuba antes que santero y tenía una serie de recuerdos y conocimientos técnicos desconcertantes. Volaba todo tipo de aviones, desde bombarderos hasta avionetas fumigadoras, y había atravesado la Sierra Maestra de noche y entre las nubes colándose por el único resquicio entre montañas a un par de metros de las paredes, salvándose él y los pasajeros, que gritaban enloquecidos. Se había encomendado entonces a San Judas Tadeo y la noche antes del día del santo, cada año, la pasaba en vela, ante una mesa, con una velita encendida, agradeciéndole su ayuda. Tenía en el altar donde daba de comer a sus seres más cercanos, en el suelo, a un lado de la nevera, en la cocina, una foto en blanco y negro ya desvaída, donde un batallón de adolescentes posaba frente a un avión. Su promoción al licenciarse de piloto: «Todos muertos, estrellados en los aparatos mil veces remendados de Cuba, muchacho».

Su apartamento era el bajo de una casa de varios pisos. Te abría la puerta y una alfombra de ídolos de madera y de hierro, cuchillos, cocos, clavos de tren, cuencos con aguas de colores, platos de comida y llamitas oscilantes te salían al paso. Qué deleite ver cómo, con los días, lo que era una mancha indistinguible se iba precisando hasta captar objetos individuados, y percibías primero a los santos, luego las ofrendas, y después te quedaba clarísimo que todo lo azul era de Yemayá y lo amarillo de Ochún. Meses más tarde ya no había revoltijo; eran santos con sus atributos, sus alimentos distintivos, sus colores que aparecían en los collares, sus vidas.

Hugo tenía una cafetera abollada que ponía sobre la llamita azul-gas de la cocina, y hacía un café cargadísimo, negro betún, que no lo podías beber de un trago y lo tomabas a sorbitos porque además quemaba y humeaba como el infierno. Salían dos tazas minúsculas que servía en la mesa del salón atisbando por la ventana, no fuera a ocurrir en ese momento algo.

—A ver, gallego, cuéntamelo todo.

Y ponía a un lado aquello en lo que había estado trabajando porque Hugo siempre estaba haciendo algo: cosiendo caracoles en la funda de su tambor, preparando un brebaje de plantas, memorizando nuevos cantos, repasando canciones de salsa para la noche del jueves en el bar Nueva Cuba. Y el celular vibraba avanzando por la mesa a golpes de la ráfaga de mensajes que su novia de aquel momento, enfurecida, celosa, intuyendo lo peor que ya había acontecido, acosaba por WhatsApp a Hugo que con un elocuentísimo «chao pescao» silenciaba el teléfono. Ponía también a un lado el periódico, pero antes, con un golpe vertical del índice: «Lee gallego, éste opina como tú».

Hugo era un anciano africano sabio, un contador de mitos que recogían todas las circunstancias humanas desde que el mundo es mundo: traiciones, abusos del fuerte hacia el débil, de la necesidad ajena, la peligrosa seducción de las mujeres… Sazonaba sus explicaciones con dichos y refranes que evidenciaban la moraleja: «guerra avisada no mata soldado»; o, cuando uno se liberaba para bien de algo que le dolía en el alma, «perdiendo se gana».

Nunca lo visité como antropólogo, lo frecuentaba como a un amigo pero con quien se habla de cosas que no sabe todo el mundo. Sin tratar de registrar, interpretar ni atesorar información. Era mi escape, mi liberación, el lugar y la persona con la que refugiarme de todo lo demás, evadirme, vivir sin analizar, disfrutar. Una visita a la profundidad de la Cuba de antaño y de siempre como rezaba el antiguo y desportillado azulejo de la cocina en el que se leía «La Habana».

Hugo solía hacerme un 'registro', un rito de adivinación que permite saber cómo estás y qué se puede hacer para mejorar la situación. Sentado sobre una estera, agitaba sobre un plato de madera redondo los caracoles encerrados bajo la palma de su mano. «Bara bara bara», se le oía rezar a toda velocidad en yoruba, mientras su mano se iba cubriendo del polvillo de harina que remarcaba de blanco las líneas de las palmas y las huellas dactilares. «Mira, aquí dice que…»

Después, como parte del remedio —porque siempre se requería un remedio— me mandaba con la lista hecha a lápiz a comprar los ingredientes. «Hay en el Mercado de Sonora». «Pero…», le alegaba yo, pues seleccionar un buen gallo *giro* no era cosa sencilla para un profano... «Ven entonces el jueves —decía—, tengo que renovar mis veladoras; llegas temprano y vamos juntos».

Cuando salía a la calle iba saludando. Lo conocía toda la colonia y él los problemas de todos. Disfrutaba del sol, de las calles algo deterioradas para mi gusto pero mejores que las del barrio de Pinar del Río donde había crecido. «Esto es elegante, no como Tepito. Allí empecé a vivir venido de Cuba. Trabajaba con un tipo que arreglaba radios; les quitaba las piezas a unas y se las ponía a otras. Ahí pasa el microbús. ¡Corre!».

Y mirando por la ventanilla: «La cantidad de gente que viene a contarme sus problemas. Es todo lo que ves en mi libreta, la termino y empiezo otra. Allí veo cómo se van desarrollando, van aprendiendo. Mucha gente tiene un mojón en su cabeza y no quiere escuchar, sólo busca que le diga lo que quiere oír. Y la santería te orienta pero el trabajo lo haces tú. Tienes que esforzarte, mejorar». Yo había visto aquellas libretas que Hugo guardaba en el cajón de una cómoda llenas de anotaciones: fechas, casos, registros, recetas; y al cabo de los meses: el mismo cliente con nuevos datos. Cuando terminaba un cuaderno, lo rompía y lo tiraba a la basura, un verdadero tesoro que habría hecho los deleites de cualquier antropólogo. Allí estaban las edades, el género del consultante, el tipo de problemas, recursos y ofrendas usados en la solución, que permitirían trazar una estadística de gran precisión sobre los clientes que acudían a la santería entre una amplísima muestra de población, sin conjeturas, con datos empíricos de primera mano. Mirábamos por la ventanilla. «Pura jodedera, *men*, a veces me llega gente a punto de que la despinguen. Como ese narco de Veracruz. Se salvó de que lo matara su guarura y todos los años me envía a casa cajas de camarones. O el otro, ése al que le dije que lo iban a traicionar y se lo chingó precisamente su chofer... Aquí bajamos».

Mientras caminaba intentando acelerar la pierna renqueante salvaba las aceras ahora desmoronadas, los huecos del pavimento, la basura diseminada en las inmediaciones del mercado. Yo conocía el Mercado de Sonora desde una primera visita que había hecho a la Ciudad de México hacía veinte años. Recordaba un gigantesco espacio techado y lleno de pasillos. Vendedores ofreciendo desde plantas medicinales hasta miel de abeja, pomada de sebo de coyote, parafernalia esotérica y esa fragancia sofocante que envolvía el muestrario de todos los remedios terapéuticos de la cultura popular mexicana. Ahora se había transformado en un inmenso bazar dedicado a la santería, con tiendas donde ofrecían cabras y gallinas y palomas, figuras de madera de Changó y cocos, cauríes, taburetes, collares, clavos de la vía del tren para Ogún, velas con imágenes de los orishas, y una atmósfera tan densa y opresiva que al salir y llegar a casa no te quedaba otro remedio que echar la ropa a la lavadora y meterte en la ducha. Con las tensiones de la Ciudad de México, las plantas medicinales habían cedido el paso a los métodos más contundentes de la santería para defenderse y combatir los ataques; la manera más eficaz de aniquilar al adversario sin recurrir a un arma de fuego. Si había un termómetro del nivel de agresividad de la vida citadina, ése era el mercado.

Hugo caminaba por los pasillos como un experto en finanzas frente a los monitores de la bolsa de Nueva York. «A éste siempre le compro. "Dos ramas de ruda, cinco de abrecamino, ¿tienes cascarilla?" Ahora vamos por las velas: cinco de Ochún, cuatro de Changó, una de Yemayá y tres de Ogún. De esto no hay en Cuba: velas de colores para los santos, allí todas son blancas. Tu gallo».

El puesto olía a plumas y parecía la trastienda de una granja. El *giro* era un gallo fino, estilizado y despelucado, con un carácter de mil demonios. «Resistente, peleón —ordenó Hugo—, no se vaya a morir en la caja». Y lo que recibimos oculto resoplaba y arañaba la caja como una fiera de otro mundo, un espíritu con garras que acribillaba las paredes como probablemente habría deseado acribillar al vendedor o al propietario.

La calle frente al mercado ofrecía una fila de taxis de contenido indescriptible. En cada uno viajaban animales de sacrificio, ídolos de hierro o madera, a veces santeros, y los compradores. Una fila de cajas alineadas en la acera destrozada esperaban turno. Los taxistas ya sabían lo que había allí, dentro del cartón, por el tamaño.

«La caja va en un asiento», dijo Hugo. Y el taxi aceleró por la avenida Chapultepec con aire a chorro por las ventanillas y un bamboleo. «Aprieta, muchacho, la caja», acerté a oír. Tremendas patadas daba el gallo. Veía México por la ventanilla. El aire, el sol, cambiaba la ciudad y pasabas por una puerta inexistente del mercado a las avenidas con oficinas, el centro, Paseo de la Reforma, la colonia Roma. Pero dentro del taxi el santero y el gallo como un mundo dentro de otro mundo dentro de otro mundo. Tan distinto al día a día de mi oficina.

—Aquí bajamos. Tenga doscientos, el cambio es suyo. Sale primero al gallo —dijo al taxista—. Y ahora un cafecito —volviéndose hacia mí—, mientras se tranquiliza la fiera.

Entrar en casa de Hugo era abrir cadenas con cerraduras y prender de nuevo y una por una la colección de velas que alumbraban el suelo y él había apagado a la salida. «Tiene vida la candela, no hay que dejarla sola».

Como hijo de Changó, Hugo llevaba al cuello una piedra de rayo engastada en un óvalo de metal. Había sido iniciado siguiendo los antiguos ritos de Cuba, que incluían caminar sobre el fuego y comerse vivo un escorpión. En el torso, tenía las escarificaciones de los paleros. Todo aquello emergía cuando, tras quitarse la boina y colgarla en un clavo, se cambiaba la ropa de calle por el traje de santero, un humilde lienzo de algodón.

Trajinaba como un soltero en la cocina. «Aquí, aunque no los veas —dijo señalando alrededor—, hay mucha gente. Aquí hay gente. Te cuidan, *men*. Ayer me apagaron el té que me caliento por la noche antes de ver las noticias; me olvidé y me quedé dormido. Desperté sobresaltado. ¡El gas! Mi cocina se recalienta y volamos todos. Pero no. La apagaron... Vamos con los cafés...».

Y cuando iba a sentarme en la sala: «En esa silla no, ponte mejor acá». Y ante mi extrañeza: «Es del viejito. Desperté un día y lo vi ahí sentado. Venía de Cuba. Me dijo: "Aquí me voy a quedar, me gusta estar"».

Quitó la pinza de la cortina y la tela cubrió el cristal. «¿Nos ponemos con lo tuyo?».

LA OFICINA DE LOS FANTASMAS

El Instituto Nacional de Antropología e Historia es una imponente institución con varios miles de investigadores repartidos por México. En mis oficinas había una creciente plaga de fantasmas. Digo mis oficinas refiriéndome al enorme edificio de la Avenida San Jerónimo donde yo tenía un pequeño despacho de cristal, que se abría a un largo pasillo. En Europa los fantasmas están confinados a los castillos y algún que otro edificio antiguo, pero en México deambulan a sus anchas y pueden llegar a convertirse en un problema molesto imponiendo su existencia, de buenas o de malas.

Las señoras de la limpieza habían dado la voz de alarma. Limpiaba el baño una de ellas cuando, de repente, toc-toc, golpecitos en el hombro. Detrás, nadie. Días después, un tirón de la ropa, y salió huyendo del baño con la voz entrecortada. Pero cuando apareció aquella extraña cara en el espejo, el grito de terror anunció su renuncia y una nueva empleada ocupó el puesto.

Ya no supe nada hasta que la secretaria vio llegar a una mujer a preguntarle por unos papeles, elegante y como de otra época, y cuando acabó el trámite y se levantó para abrirle la puerta, no había nadie. Tampoco la había visto llegar la de recepción.

Un tercer motivo de inquietud fue la enfermera que, en riguroso uniforme blanco y con cofia en la cabeza, se desplazaba por un pasillo a unos centímetros sobre el suelo.

La comunidad de investigadores, si se enteró, no dijo nada. En México no se trata de creer o no creer; la existencia de los fantasmas es tan real y cotidiana que el asunto no revestía mayor exotismo ni inquietud. En mi condición de extranjero, estaba escandalizado. De la noche a la mañana el lugar donde llevaba diez años trabajando tenía actividad paranormal en varios frentes. Empecé a caminar por el largo pasillo de cristales inquietantemente onírico que llevaba a mi despacho con más recelo del habitual. Pero tal vez por la hora o porque no era yo blanco de sus inquietudes, no fui abordado directamente. Eso sí, en el baño que había bajo una escalera ya había notado una atmósfera extraña antes de hacerse público el asunto y lo evité de forma radical. Allí sí que había podido sentir una densidad y como movimientos junto a los lavabos. Lo más curioso es que siendo una oficina de antropólogos, no un bufete de abogados o la sucursal de un banco, aquéllo llamase tan poco la atención.

Yo había trabado amistad con varias señoras de la limpieza y compartía no solo todo el imaginario sino el inventario de casos fantasmagóricos sucedidos en las oficinas, pero fue desconcertante enfrentarme a lo que vi. Era el Día de Muertos. Caminaba aburrido por el pasillo pues no había podido salir a hacer trabajo de campo aquel día tan importante en México, cuando todo el país debía de estar lleno de altares, ofrendas y velitas titilantes. Perdido en mis pensamientos casi me atropella una señora de la limpieza. Llevaba un gran plato de frutas, pan y flores que no la dejaba ver. Le pregunté intrigado, por sobre la torre de ingredientes, a dónde llevaba todo eso. «Venga a tomarse un café y a comer un pan de muerto». Cuando me colé por la puerta entreabierta vi a todas las señoras de la limpieza sentadas perfilando las tres paredes de una habitación; en la cuarta se elevaba, del suelo al techo, pintada al carbón sobre el blanco del muro, una antigua puerta metálica, de rejas negras. Parecía real. Me pregunté qué hacían todas en silencio frente a aquella puerta de entrada que parecía la de un jardín o la de una institución penitenciaria. Tenía, me fijé entonces, en su parte superior una fecha: 1870.

Debajo estaba el altar de muertos con sus dos pisos de ofrendas. Habían reproducido la imagen de la entrada del asilo de ancianos que existió en los terrenos de las oficinas antes de que fuera demolido para edificar nuestro edificio. Tuve que reconocer que sí, que era idéntica a la de la fotografía que me mostraban. Vi la mirada de pesar y auxilio de las veinte mujeres paralizada por la tensión. La atmósfera de la habitación, poblada de sombras casi perceptibles, me atosigó de tal forma que tuve que excusarme. Casi se escuchaba el murmullo de los inquietantes convidados en torno a la ofrenda, la pared aparecía en esa zona más oscura. Y al parecer comenzaban a diseminarse por la habitación, en una convivencia entre vivos y muertos. Pero yo sabía que, me había cansado de estudiarlo, la cercanía de los muertos podía ser peligrosa, pues siempre querían incorporar gente en sus dominios. Tanto unas como otros parecían entretenidos comiendo. Dejé, incómodo, mi trozo de pan.

A salvo en el pasillo real y silencioso pensaba: ¿era posible que las señoras de la limpieza estuvieran usando el Día de Muertos para apaciguar a todos esos difuntos que habían muerto al cuidado de aquellas enfermeras fantasma? La sala era grande, pero clandestina en la institución. Las secretarias lo sabían. «¿Pero han visto ustedes el altar de las señoras de la limpieza?». «Claro, hemos tomado allí café. Y el personal de mantenimiento ha puesto su cruz en el tejado, junto a la de los albañiles, como protección».

Como suele pasar en los lugares de trabajo, te pierdes siempre lo mejor. Aquella semana de pesadísimas reuniones asamblearias me encerré a trabajar en casa y el día del exorcismo ni siquiera me lo olí. No fue algo que se anunciara en el tablón de avisos; tampoco una actividad concertada que contase con la participación y el visto bueno de la mayoría. Fue sorpresivo, improvisado, a la desesperada. Urgido por el terror de una investigadora que se quedó encerrada en el ascensor escuchando, durante media hora interminable, psicofonías.

Trajeron al hermano sacerdote de un investigador, agua bendita, flores y a algunos de los que trabajaban en el centro, y en una esquina de los pasillos acristalados oficiaron una suerte de misa con invocaciones para que se retiraran las potencias maléficas, o, como susurró aterrada una secretaria, los cada vez más ancianos y enfermeras que llegaban del otro lado situado a siglo y medio de distancia. Durante el exorcismo, concentrados, el hisopo enarbolado, los pillaron in fraganti. Se escucharon gritos interrumpiendo la ceremonia y, asustadas, las secretarias pensaron primero que se trataba de los fantasmas, hasta que cayeron en la cuenta, eso me dijeron, de que los fantasmas no gritan.

Con toda seriedad, el asunto fue llevado a la siguiente asamblea. Se negó a comparecer el cura, pese a que había perdido el hisopo aterrado por unos gritos que, aseveró como ante un tribunal eclesiástico, no parecían de este mundo. «¡Esta es una institución laica!», había clamado horrorizada la investigadora que se lo topó en el pasillo, cuando caía el agua bendita. «¡No pueden oficiarse misas, y menos en los pasillos! ¡Aquí nadie es creyente y prima el espíritu libre y racionalista!». No había en el reglamento interno sanción contra los exorcismos, y el tema de los fantasmas, verdadero asunto digno de un congreso internacional, por anodino, cotidiano o falto de repercusiones políticas, no se trató más.

El día de la Candelaria, cuando en México se comen tamales, un platillo de la época precolombina, el centro de investigación se había volcado en la fiesta y había una alegre algarabía en los pasillos. Caminaba entre el ambiente distendido cuando se me requirió como fotógrafo. Un grupo de personas se juntó para la instantánea y al encuadrar ingenuamente pregunté: «¿podría la persona del fondo acercarse un poquito más?». Las expresiones detenidas se aprecian bien en la foto, de forma progresiva, de la sorpresa al terror del último que casi tocaba la pared tras él en la que, lógicamente, y me di cuenta al bajar la cámara, no había nadie.

Días después apareció un esqueleto en el río. Las oficinas tenían, en la parte trasera del terreno sobre el que habían sido construidas, un pequeño curso de agua encajonado entre arbustos y matorrales, que resultaba imperceptible excepto desde el aparcamiento. Quienes hacían la limpieza anual se habían topado con una calavera y una osamenta humana, vestigios del asilo fantasma. El cadáver había acabado en la orilla. «Que vengan los de antropología física». Y así fue exhumado y se perdió para siempre el último atisbo de irrupción de lo extraordinario en nuestro centro de trabajo.

Al menos, eso fue lo que dijeron. Pero una de las secretarias se me acercó preocupada días después para confirmarme lo obvio y que yo ya barruntaba: que el número de avistamientos había aumentado, que tenía las peores sospechas, que el exorcismo no había servido de mucho, y menos interrumpido, y que lo del altar del Día de Muertos no había sido quizá del todo una buena idea. Los llegados del más allá no habían, todos, regresado.

Se había perdido la posibilidad de ahuyentarlos y, quizá aún peor, de hacer un estudio serio.

En todo aquello fueron los de Arqueología quienes nos ganaron la primicia. Los colegas y vecinos siempre dispuestos a tomar en serio a los muertos. Sin enterarse de nada de lo que había sucedido en las oficinas, quizá con menos remilgos, con más visión científica y valiéndose de su consolidada tradición empírica, lanzaron un programa de radio exitosísimo, *El miedo anda entre ruinas*. Describía las desconcertantes experiencias de los arqueólogos que se habían atrevido a contar sus encuentros con los invisibles pobladores de sus lugares de estudio. Sacados en volandas por la noche de sus tiendas de campaña, sin tregua ni a sol ni a sombra, acosados, interpelados por voces invisibles, por peticiones de que por favor dejaran a los muertos descansar y a los dueños de los lugares existir, la página de YouTube recibió miles de visitas y persuadió a los curiosos que acudían a comprobar cómo la ciencia se abría a la existencia de los fantasmas de que, como ocurre en tantos campos de la experiencia humana, lo raro, lo extrasensorial es, desde dentro, en cada pequeño ámbito de la vida, el pan nuestro de cada día. Era el inicio de algo. Los tiempos estaban cambiando.

EL ÁRBOL DE LA VIDA

Algunos árboles de la Ciudad de México y sus alrededores son, para quien sabe ver tras lo evidente, más que árboles. Son seres humanos arborescentes, llamativos colosos vegetales que encubren una intimidad de persona. Hay varios en el Parque de Chapultepec, a la vista de todos, otro emblemático en la avenida Tacuba, y el más importante, quizá, al salir de la megalópolis capitalina, en un enclave de peregrinación llamado Chalma. Pese a su iglesia, la verdadera peregrinación se dirige al árbol.

Considerados todos parientes entre sí, unos habían sido alumbrados por otros, a la manera de un linaje, con patriarcas e hijos. Se trataba de un secreto, de esos que en México comparten miles de personas que no tienen representación oficial y que, aunque son secretos a voces, nunca llegan al conocimiento de la gente de las ciudades que no acostumbra a depositarles ofrendas a los árboles que fueron sus ancestros ni a pedirles a los espíritus arbóreos que les confirieran salud y prosperidad.

Pero en Chalma era imposible no contarlo y la anciana acodada a duras penas en la barda de fierro miraba extasiada hacia la copa atravesada por los rayos del sol. Esa mirada eran esos otros mundos que están en éste según la manida cita, y sin embargo tan verdadera, de Paul Valéry.

Ahuehuetes. 'Los viejos del agua'. Viven a la orilla de los ríos y lagos o sobre las aguas subterráneas, inclinando hacia la fuente de vida un voluminoso cuerpo de hojas finísimas y plumosas de un verde tierno, delicada redecilla cuajada de esas bolitas que son sus frutos. Ancianos longevos de gruesísimos troncos, su amor por el agua y sus prodigiosas edades han quedado retenidas en el nombre.

«Los árboles hablan, pero no como nosotros. De noche, en sueños, cuando se los puede oír con toda claridad. ¿A poco usted no escucha a los seres que hablan en sueños?». Tragué saliva. «A los de mi jardín los oigo continuamente, me regañan si no los riego. Dicen: "Quiero agua". Ay, Dios mío, no tienen agua. El árbol habla. También de día. Cuando no tienen agua, dicen: "¡Tengo sed!". Pero en la mente de uno, claro, no hablan como nosotros, te hablan al espíritu. Les digo: "Ahí está tu agua, ¡no estés llorando! Ten tu agua…", agarro la manguera. Pero ojo, le estoy contando de mis árboles frutales, los que tengo en mi casa. El ahuehuete es otra cosa, no pide agua, porque la hace salir de la tierra. Él la saca. Y habla, pero de otras cosas».

Miré el estanque circular, cristalino, diáfano, sobre el fondo de piedras, que circundaba al ahuehuete. La frondosidad de las ramas se reflejaba en el agua, móviles, una vibrante superficie verde.

«Ellos traen el agua de abajo. Sube. Y luego sale. Se ve que brota entre las raíces. Nace un manantialito, un arroyito, una pocita y después ya un lago. Mire nada más el sonido que hace el árbol cuando saca el agua, un ronroneo, un resuello, de su respiración o de su esfuerzo. Todo el cuerpo del árbol está trayendo ese líquido de abajo, para hacer esta pocita transparente en la que se refleja». Y pensaba yo cómo llenaba un árbol aquella poza tan grande que habría necesitado varias mangueras cuando de pronto mi mente voló al pasaje de un libro de fray Diego Durán, el fraile español, titulado *Historia de las Indias de Nueva España.* Un pasaje que no había recibido mucha atención, por lo obvio. Pero oyendo a la anciana no parecía tan obvio. «De las fuentes

61

que más caso hacían [los indios] eran de las que salían a los pies de unos árboles que llamamos sabinas, que en su lengua llaman *ahuehuetl*». Y añadía: «Árboles muy grandes y coposos, de que los indios hacían mucho caso, por hallarse siempre a los pies de las fuentes, en lo cual fingían divinidad y misterio. Yo pregunté la causa de llamarse "atambor de agua" aquel árbol, y dan por causa el pasar el agua por sus raíces». O sea, que las fuentes salían a los pies de los ahuehuetes y no eran estos los que nacían junto al agua. «Pues claro», dijo la anciana, tan tranquila, «por eso dan tanta vida».

Aunque desde fuera no se veía, los árboles hacían cosas y asistían a los seres humanos. Podían ayudar a los niños a crecer bien, tomándolos bajo su tutela. A los enfermos a sanar. Y a quienes tenían vidas de infortunio, a cobijar sus tristezas bajo el verdor húmedo de las copas. El agua que llenaba el paisaje era también una energía vivificante para los seres humanos, que el árbol ponía al servicio de las personas si se le daban ofrendas. El agua que extraía del suelo el ahuehuete daba vida al entorno, y la energía arbórea que transmitía a los fieles que lo veneraban, salud, protección y vitalidad. Como si se tratase ahora de un agua invisible, el ahuehuete era fuente de una emanación vital que nutría el cuerpo de las personas. Un potente generador dotado de una fuerza emboscada en su tronco. Un árbol, en suma, de la vida.

«Vamos a suponer que usted le reza, le va a pedir un deseo. Porque el árbol crece, está erguido, se desrama, se abre la copa llena de todas esas ramas y hojas que tiene, y esa fuerza que hace crecer descomunalmente al árbol esa es la misma fuerza que pone al servicio de las personas. Porque este árbol no es sólo un vegetal, no, no. Aunque muchos no lo creen, también es humano, pero poderoso. Un ser humano pero de otro tiempo. De cuando los indios de antes. Un antepasado poderosísimo. Imagínese. Y si le hablas bien, y con respeto, te da. El árbol le da lo que le vaya usted a pedir.

»Cómo se hicieron árboles esas personas no lo sé, pero que lo siguen siendo, está claro. Ellos tienen sentimientos, se conmueven, pueden ayudar». Según la anciana, el árbol conservaba un alma humana emboscada dentro del grueso tronco y extendiéndose a lo largo de ramas y hojas.

Recordé entonces la observación de otro cronista, Jacinto de la Serna; en un manual de extirpación de idolatrías había advertido hacía más de quinientos años: «Los indios piensan que los árboles fueron hombres en el otro siglo, y que tienen alma racional». Suspiró la anciana. «Esos aparecen en sueños como un señor, y te hablan con seriedad. Responden a lo que les has pedido o a la ofrenda que les has dado».

Se agachó y depositó en el suelo una vela blanca. A eso había venido. La prendió con una cerilla, que apagó el aire. Devolvió su mano al bolsillo disculpándose ante el ahuehuete por la sencillez de su ofrenda. Movió unos segundos los labios, en silencio, mirando al árbol... En realidad, llevaba hablando con él, a intervalos, desde que yo había llegado.

Me maravilló ver toda aquella acumulación de lo que parecían ser adornos colgados o suspendidos de las ramas del enorme ahuehuete, en una mezcla de vivos colores: pétalos, guirnaldas, festones, cintas coloridas. Como si se tratase de un árbol de Navidad pero más vivo y más verde y más radiante y colorista con todo aquel cargamento de objetos vibrantes sobre su arquitectura vegetal. «¿Pero qué es todo eso que cuelga ahí?», le dije.

«Son flores. Es todo el árbol floreciendo, son los recuerdos de la vida que da. Todas las flores son para que los bebés recién nacidos vivan, estén fuertes, tengan salud. Por eso las señoras cuelgan esas "flores", que no son del árbol sino de los niños, son los cordones umbilicales que les decimos flores, porque florecen los niños en el árbol. Las madres los dejan al cuidado del ancestro. El árbol de los ombligos. El árbol de los niños. Cientos de vidas, el árbol va a nutrirlas. A protegerlas. A cuidarlas». Creí que la anciana se confundía pero no, las figuras cambiaban de forma, vegetales, infantiles. Adornando por fuera el árbol con frutos, cubierto de flores, que son la vida.

63

COCODRILOS DE PAN

La plataforma petrolífera surgía entre la vegetación selvática y, al mirarme los pies, vi el fondo áspero y veteado de la canoa contrastando con el agua negruzca del pantano. En las cercanías del pueblo, el remero había alcanzado con su pértiga el fondo lodoso, entre islas de lirios flotantes, pero ahora el utensilio era un remo con el que propulsar la embarcación. De la torre principal brotó una llamarada, visible como una luz naranja en la distancia. Nada se oía en la imagen panorámica ribeteada encima por las nubes globosas y debajo por las garzas blancas y los negros cormoranes suspendidos a ras de agua sobre las ramas.

No quería perder mi cuaderno, que yacía al fondo de la canoa junto a una lata de gasolina y una fisga que es un arpón para cazar lagartos, el nombre local de los cocodrilos. Estar de pie requiere equilibrio, el movimiento produce oscilaciones. La sangre de la tierra, el petróleo. La llegada de empresas petroleras a Tabasco se había visto como un robo generalizado de la sangre del Dios de la Tierra, Yumka, que veía mermada su fuerza. El petróleo extinguía la vida de un dios que sufría el deterioro de sus funciones, una depredación en la que tenía injerencia el ser humano. Así pensaban los mayas chontales, y así me lo decía el remero que se reflejaba en el agua. «¿Cómo va a dar fuerza a la vegetación si le quitan a Yumka la sangre?» La decadencia agrícola se debía al petróleo. No por contaminación. Era un asunto cosmológico. Como lo era también la figura del Rey cocodrilo, ese ser mítico que cuidaba a todos los cocodrilos de los pantanos, de los que yo quería ver los ojos brillando en la maleza como en las imágenes clásicas de los libros de viajes.

Anochecía, y una serie de puntos luminosos móviles empezaron a pasar como estrellas fugaces sobre la canoa, mucho más cerca, tocando casi la cabeza. Era un trasiego de luciérnagas. Fosforescían como motas de luz en la oscuridad circundante. Cuando uno conoce poco del trópico, todo es deslumbramiento. La pesca del cocodrilo estaba prohibida pero se practicaba a diario. El haz de la linterna barría la superficie e iluminaba un círculo de ramas verdes y agua. Ya no veía mi cuaderno ni el fondo de la canoa. Sonaba ampliado el chapaleo del remo. Con la luz se me iba la mente hacía recuentos, puestas en limpio de borradores de notas.

Tenía que aquella diosa, Ix Bolon, cobijada en el fondo del océano y en una casa negrísima, pringosa, no era atractiva salvo por la cantidad de riquezas que albergaba. Su casa estaba hecha de chapapote, y cuando venían las mareas, las paredes terminaban en la playa, y los tesoros en la orilla. En esas andaba y recordé que la diosa era además la dueña de muchos de los animales que capturaban mis cazadores de cocodrilos.

Subordinada a la diosa marina estaba una sirena pero no como la de Ulises en la Odisea, sino en forma de cetáceo, un fantástico animal de cuerpo globoso cuyo hocico salía delicadamente para pastar entre la vegetación flotante. Se trataba del manatí, un ser grisáceo que sólo se alcanzaba a atisbar fugazmente como un movimiento en el agua, una gigantesca mole surgida a veces demasiado cerca de la canoa. Como toda sirena, anhelaba a los seres humanos y se llevaba gente a la hondura. Una hondura pantanosa hecha de vegetación descompuesta, de aguas turbias, de peces que no se veían pero nadaban, de tesoros secretos que se abrían como encantos a determinadas horas del día, luciendo con el brillo del oro bajo el radiante sol.

El principal guardián de este mundo era el cocodrilo, al que los mayas chontales llamaban Rey del Agua. En la estación de lluvias que volvía aún más húmedo el paisaje tabasqueño, el reptil salía de las profundidades de la tierra y emitía un grito proverbial: un lamento, un quejido, una voz para la que los pescadores no tenían un equivalente exacto, pero que era el llanto mismo del reptil llamando la lluvia, convocando las inundaciones que unen ríos y lagunas convirtiéndolos en una misma masa de agua, que el cocodrilo, echando a andar, empujaba intercomunicándolo todo, moviéndola con su cuerpo sinuoso de aquí para allá, animando, vivificando, haciendo fluir una geografía que es pura hidrografía. Y ante ese quejido que hace temblar la canoa por lejos que te encuentres hay una respuesta, una contestación multiplicada, que es la de todos los cocodrilos pequeños que anidan aquí y allá ocultos bajo el barro tras su hibernación en la sequía.

«Pero sí lo podemos cazar», susurró el remero. «Es cuestión de ponerle su ofrenda. Su comida. Un regalo. Para que no interrumpa la circulación del agua».

Y por eso los chontales le rendían tanto culto al cocodrilo, al grado de que una iglesia de la región lo tenía a la vez omnipresente y camuflado. Habían hecho con las vigas del techo la boca abierta y colmilluda, y el tronco áspero de este animal pendía a un tiempo emboscado y exhibiéndose, suspendido horizontalmente sobre las bancas donde rezaban los fieles.

Y el cocodrilo aparecía a veces él mismo en forma de un gigantesco reptil de oro. Emergido en medio de una laguna, anunciando con su presencia el estatus de lugar sagrado. Destellando. Un animal refulgente que inspiraba más temor que codicia porque... ¿quién no sabía que ostentaba poderes fabulosos y podía cambiarse en otra cosa? Cuidado no vayan a acercarse.

La fundación de ciertos pueblos tenía en su origen la aparición mitológica de estos reptiles hacedores de agua, venerados en las iglesias, bailados en las danzas locales, cazados también como aquel sobre el que ahora estaba a punto de descargar su fisga el remero, que ya no lo era, sino arponero, porque el que llevaba la linterna la había apagado, y le había recibido, con gran tiento, la pértiga.

Roce de madera, metal. Todo oscuro, agua en los dedos. Yo sólo quería salvar el cuaderno. Y no tuve que recriminarme nada porque el reptil, tras sumergirse con la fisga clavada, se enrolló y desenrolló sobre sí mismo como si fuera en verdad una canoa desesperadamente naufragando y desapareció, y entonces sólo el movimiento de la otra canoa, la nuestra, estabilizándose sobre las olas que se deshacían. «Y perdimos también el remo, por algo será».

A mí siempre me ha gustado más la caza de ideas, prefería ver a los cocodrilos en la Laguna de las Ilusiones de Villahermosa, calentándose al sol, y bajo ellos, según había aprendido, los súbditos tortugas. El motor había convertido en fresco el denso aire de la laguna. «No vaya a mojarse, siéntese mejor en medio». Las tortugas se refugiaban bajo el reptil formando una sombra oscura, que según los chontales era su trono, el del Rey Cocodrilo. Se trataba de las tortugas guao, que tenían tres largas crestas afiladas a lo largo del caparazón. La primera vez que traté de tocar una casi me arranca el dedo, y eso que era una cría. Unos monstruos tremendos, con una boca y una mandíbula que intimidaban al más osado, con unas manchas de un rojo fuego en la piel. Pero si las guao se acomodaban debajo del saurio, encima se retrepaban otras tortugas inofensivas, simpáticas, color verde moteado de amarillo, que eran las hicoteas. Decenas de ellas a veces allí tomando el sol, mientras que las guao se ocultaban en la oscuridad de las aguas tabasqueñas, fermento de pantano, como una suerte de hojas gigantes bajo el reptil. El cocodrilo cuidaba de las tortugas que eran sus fieles súbditos, pero también se alimentaba de ellas, en un acto de dominación. Con aquel estruendo no podía oír ni mis pensamientos. Vibraba la noche perturbada como debía de hacerlo en su cercanía la torre petrolífera, matándolo todo, hasta el color.

Rey del agua y de las tortugas, ya casi llegábamos al pueblo. Noche cerrada. Cuando avanzaba todavía pensando en ese mundo de debajo del agua vi el resplandor naranja, como si la vivienda entera estuviera encendida, como si una luz de brasas surgiera del interior escapando por la puerta abierta, en medio de la oscuridad circundante. Pero no, al acercarme, más bien parecía un cuadro. La luz estática no crepitaba, irradiaba de manera uniforme, se iba intensificando al acercarme. Como un fanal, como un farol con una velita dentro, emitiendo su luz por los resquicios, en este caso las ventanas y la puerta. Llegando hasta el embarcadero. Y en esa penumbra rojiza nos adentramos para ver, no una, sino una decena de llamitas danzarinas sobre una mesa adosada a la pared, proyectando una luz de fuego sobre las cañas de la techumbre, las tablas de las paredes, el suelo de tierra. Y entre las velas, cuencos esféricos teñidos de negro con bebidas para la ofrenda, platos con guisos envueltos en hojas de plátano, un incensario del que subía una espiral de humo aromático... Y lo que parecía la maqueta de un fondo fluvial o de un pantano, con sus animales principales elaborados con cuidado, su fauna amasada y horneada como de panadería: una colección de figuras de pan como ofrendas principales, con peces, tortugas, manatíes y dos cocodrilos de lomo levemente crestado. Y el remero, en un gesto que hubiera sido de dejar la fisga, se apoyó en la pared y se santiguó.

SOÑAR DEBAJO DEL AGUA

Había vuelto con don Lupe de sacar un espíritu del río y no podía contárselo a nadie. A nadie del pueblo y a nadie del mundo académico. «Tú nos sigues», me había dicho en el camino de vuelta. Pero antes, estando en la orilla del arroyo —en aquella fluidez de agua diáfana sobre los cantos rodados, con algunas piedras emergiendo de la corriente, a la que yo no podría llamar río—, había estado en primera fila y lo había visto todo. Clandestinamente. Como los otros que estaban allí, dos personas que eran los ayudantes y el hombre del granizo. Observando atentos las burbujas.

Yo ya sabía que las burbujas eran el resuello, la respiración, y por lo tanto el indicio, la pista, de las personas que vivían en el agua, a una de las cuales, sólo a una, íbamos a rescatar nosotros. Iba a rescatar don Lupe, el hombre del granizo. Las otras burbujas eran de gente que llevaba allí mucho tiempo y se había incorporado y asimilado al mundo de los espíritus del manantial. Eran seres más del agua que de aquí, gente del agua a la que no podíamos sacar. Todos aquellos seres humanos que vivían, como espíritus, dentro del río.

En cambio, las burbujas que subían a la superficie y cuyo rastro seguía don Lupe era un caso reciente. Y esto significaba que el cuerpo de aquella persona continuaba vivo pero postrado en la cama, enfermo, en alguna casa al otro lado del pueblo. «Todavía sigue siendo de acá, la podemos regresar».

De noche podías ver cientos de piedras preciosas brillando, titilando, destellando en mil colores en el cercano horizonte, extendiéndose sobre las ondulaciones oscurecidas de los cerros y la planicie, en una distancia tan próxima que resultaría increíble pensar que se trataba de la Ciudad de México, ese monstruo luminiscente surgiendo a punto de envolver a la Sierra a unos pocos kilómetros. Tan cerca y sin embargo tan, tan lejos.

De día lo que brillaba en el manantial era la ofrenda; mirándola uno no podía dejar de pensar en la semejanza entre todos aquellos destellos y los de la megalópolis, como si hubiera alguna extraña relación entre ambos. Como si fueran de alguna manera lo mismo. Pero no sé si yo ya estaba adoptando por entonces la visión de la gente de la Sierra al hacer estas apreciaciones, si estaba viéndolo ya, en parte, desde sus ojos. Viendo el mundo del agua como el mundo de la Ciudad de México, a los espíritus sumergidos como a los habitantes de la cercana ciudad.

Y eso fue lo que entreví cuando don Lupe me fue contando cómo supo que Adelaida no estaba en su cama ni postrada, aunque su cuerpo reposaba allí, sino en un mundo fantástico y parecido a una ciudad sumergido en el agua, tan distinto al de la Sierra en el que yo vivía en aquel entonces.

«Allí hay toda una ciudad. Eso lo ves en sueños. Si quieres aprender, tienes que soñar». Cada palabra suya era fruto de un sinnúmero de esfuerzos míos, madrugadas frías, esperas ante su vivienda de adobe abierta frente a un cerro bajo, calcinado y polvoriento, viéndolo salir a hurtadillas por la puerta trasera. La mejor resistencia al desaliento, a tirar la toalla, es la curiosidad que mató al gato de introducirte donde nadie ha estado. Colarse tras la puerta, entrar hasta la cocina. Su rechazo era el medio de poner a prueba las cualidades de un buen ayudante o un buen aprendiz. Aunque yo me conformé siempre con mi condición de ávido oyente, de escucha reverencial, sabiendo además que sin el don que daban los espíritus del agua a sus elegidos no había nada que hacer. Y sin este don yo sólo sería un pálido reflejo suyo imitando fórmulas que él había recibido, como todos los hombres del granizo, del mundo del agua. Pero aquel día, «acompáñame a traer a Adelaida». Y nada más. Se dio la vuelta y lo seguí.

Veíamos las burbujas, pequeñitas, que subían en una estela. Inclinado, golpeó una piedra con los nudillos. Que hubiera espíritus debajo de las burbujas convertía el arroyo en otra cosa. «Cuando sueñas —irrumpió su voz— vas a ver a la persona; vi que ella me está mirando dentro del agua». Entumecido, sentía sobre mí el sol de la mañana. Un momento después él ya estaba arremangado, metido en el río, conversando con las piedras, agachándose a intervalos. ¿Podía alguien estar haciendo aquello tan cerca de una de las mayores ciudades del mundo, a un paso de la vida trepidante del aeropuerto internacional, los viajes a Cancún, las oficinas financieras, las grandísimas autopistas que atravesaban el país? «El muñeco. Pásenme el muñeco».

Don Lupe había hecho pacientemente una figura de tela uniendo las dos prendas distintivas de Adelaida, su blusa y su falda. Lo usaría como recipiente para llevarse el espíritu. Un cuerpo como el humano pero de ropa. Y esperaba en la orilla del manantial para actuar. «Denme la vara». Lo vimos gesticular, hablar, amenazar, cargar el extraño maniquí de trapo y acercarse hacia nosotros, la cara contraída, indicando silencio, como un ruego y una amenaza: «el que hable —dijo— manda el espíritu de regreso al agua, no vayan a chingarme».

Conocía el camino de regreso porque habíamos estado en el sitio una semana antes. Fue el momento decisivo. El día en que dejamos la ofrenda. Para que nos dieran a cambio a Adelaida. «No nos la van a dar gratis —había dicho don Lupe—, hay que cambiársela por algo». Y ese algo era de una complejidad que en nada se parecía a las ofrendas de los libros de antropología. «Pero el problema no sólo es el pago —puntualizó—. El mundo del agua es tan fabuloso que el enfermo no lo quiere dejar por el nuestro. ¿Quién querría volver aquí, pudiendo vivir feliz bajo el agua?», sentenció.

La pregunta merecía tomarse en serio.

Lo que habíamos comprado en la Ciudad de México nadie habría podido imaginar jamás para qué lo queríamos. Era la ofrenda exigida por la gente del agua. Don Lupe la había soñado y apuntado al despertar en una lista. Como cualquier profesional, la llevaba al mercado. Me la había leído en uno de los momentos más maravillosos y a la vez inquietantes que recuerdo haber vivido con él.

«Tú sabes que allí hay una reina, ¿verdad? Y policías y el ejército y científicos y músicos y sirvientes del palacio. Todos esos son personas de aquí y que ahora están allí. Bajo el agua necesitan de todo: vehículos, edificios, carreteras, semillas y hasta cables de la luz. Y todo eso les vamos a dar como ofrenda. Para que amplíen su ciudad o construyan otras. Su ciudad pronto la vas a conocer, no como yo, porque no sabes soñar. Pero la vas a ver, la vas a colocar, la vas a construir».

Me lo había contado en la calle, frente a una tienda de miniaturas de la capital. Y cuando volví al pueblo, los vecinos me miraban raro. «¿Qué hace ése con el brujo, será que lo está enseñando?». Ese silencio incómodo.

Y yo le dije a don Lupe: «¿Construir?».

Y antes de rescatar a Adelaida, antes de que nos la dieran o se la devolvieran, yo estuve en el manantial. Para colocar la ofrenda. Para darles a los espíritus del agua muchas cosas valiosas a cambio de la enferma. Porque querían a Adelaida para que fuera la Reina del Agua. Porque les gustaba mucho su cabello negro y sus trenzas. Por eso la habían atrapado y por eso estaba en una situación de privilegio dentro del palacio que gobernaba la ciudad sumergida.

«A la Reina no la sacamos tan fácil. Y ella no va a salir así nomás».

Y cuando don Lupe extrajo de la bolsa la reina de cristal que parecía de Swarovski destellando al sol como vidrio tallado, me quedé mudo. Y cuando sacó la comitiva que la acompañaba. Y la carroza, y los muebles del palacio en miniatura. Y los adornos que parecían candelabros. Y los cochecitos de juguete y los soldaditos y los animales y las semillas que comían los espíritus. Y algo que salió de una bolsa y era lo que no me había dejado mirar mientras lo armaba en la parte trasera de su casa, con palillos, trozos de alambre, cuentas de colores y una base de madera. Era una gran torre eléctrica, una torre de la luz, con sus cables y su forma característica, con sus patas y travesaños metálicos, para abastecer a la ciudad subacuática. Y luego sacó una diminuta pirámide escalonada y me las entregó, y mientras yo parpadeaba, «todo esto lo vas a poner tú —dijo— en la orilla», porque dentro del agua, encima las piedras del cauce, iba a colocar una bandeja metálica llena de objetos brillantes que debían reflejar la luz del sol en el acto mismo de entregarlos en los dominios del agua. Y me sentí artífice, constructor de ciudades, hacedor de otros mundos para unos espíritus del agua que habían sido personas y se habían llevado a la vecina Adelaida para convertirla en una reina. En *su* Reina. Pero el sueño del agua se desvaneció, porque aceptaron la ofrenda.

Y don Lupe la iba a curar, la iba a devolver a su casa, iba a llevar de nuevo su espíritu fuera del agua al cuerpo que le correspondía. Sanándola de aquel endiosamiento circunstancial.

Y mientras tanto, Adelaida, postrada en la cama de su casa, hablaba y contaba con su cuerpo lo que su espíritu veía debajo del agua. Hablaba su boca, pero veían sus ojos con el espíritu que vivía bajo el agua. Y decía, contaba, en realidad se quejaba, reclamaba enojada que no iba a salir, ni hablar, que ella ya era una Reina. Que la vestían sus sirvientes. Que tenía un salón del trono. Que vivía con elegancia y buen gusto y tenía joyas y bailaba y todo el día era un goce y que la dejaran por favor, que le gustaba aquella corona y la carroza donde iban a pasearla...

Pero don Lupe ya estaba acostando el muñeco junto a la enferma. El que había traído del manantial. Hecho con la ropa de Adelaida. Porque ella venía dentro. El espíritu ya había dejado el mundo del agua y ya no había posibilidad de enmienda porque Adelaida saldría del muñeco y volvería —así lo pedían en ese momento sus parientes— a su cuerpo.

Y momentos después el espíritu de Adelaida hablaba ya por su boca con voz más firme, más autoritaria, una voz de mando, y el cuerpo se estremecía con el eco correspondiente. Pero aun devuelta a su cuerpo, se negaba a despertar, a regresar. No se resignaba. Y su hija: «Tú no eres de allá, mamá. Despídete del mundo del agua. Eres de acá». Y ella: «Quiero quedarme». Y su hermana: «Deja que don Lupe te regrese con nosotros. Que te devuelva aquí. No te resistas». «No. No. No». «Adelaida ven».

Y el día en que finalmente pude hablar con Adelaida, pidiéndole permiso a don Lupe y jurando no perturbar a la enferma, no supe bien a quién de las dos dirigirme: si a la que fue circunstancialmente, en un momento fugaz de su existencia, en otro mundo, una Reina del Agua, o a la de aquí del pueblo, la Adelaida de antes de la enfermedad y la de ahora, la que vivía de vender tortillas de maíz y tenía una existencia humilde y humanamente aceptable. Pero pude hablar con ambas, entremezcladas. Su voz era la de siempre pero no las maneras, el porte, los ademanes, que habían quedado imbuidos del mundo del agua. Los primeros días paseaba aristocráticamente, y se frustraba al ver desaparecida su corona.

LA AVIONETA ESTRELLADA

Lleva tu libreta de campo. Cañones, montañas nevadas, ríos profundos, bosques. La Sierra Tarahumara era un destino lejanísimo desde la Ciudad de México, perdido hacia la frontera norte, en Chihuahua. Me habían invitado unos amigos. «Acompáñanos, por fin nos dieron la beca, los gastos de viaje». Las Navidades en la Ciudad de México eran calurosas. Compramos los billetes de autobús para atravesar hacia el norte el país en once horas, kilómetros de desiertos, cactus y páramos despoblados en un paisaje austero y monótono y el clima cada vez más frío, nevado, gélido. Una parada o dos en ciudades; y tú, sentado, dormitas, comes, duermes, hablas, lees, te recreas viendo las mochilas, sombreros, ropa térmica, planos y una provisión de pilas.

Roja y agrietada, mi único superviviente de aquéllo es la libreta. Ni las fotos, ni la ropa que ya he perdido, ni los amigos. Lo único que he rescatado es la libreta. Y la pude abrir sin deshojarse por estar bien cosida, y la veo entera de dibujos, notas, palabras en tarahumara, croquis del pueblo, un diseño de la decoración ocre del interior de la iglesia. Y es de las pocas que he llenado entera, un monstruo que devoraba páginas y páginas reclamando más espacio porque ya no cabían los testimonios, opiniones de testigos, transcripciones de entrevistas y conversaciones que la hacían parecerse más al archivo de un reportaje que a la libreta de un antropólogo, con toda aquella historia del sacerdote narco que, por poca sensibilidad que uno tuviera, se reveló como el verdadero tema de interés, el genuino objeto de estudio documentable en aquellas montañas nevadas, pese a que me fascinaban los tarahumaras con su sobriedad, su vestimenta refinadamente colorida, veloces en sus carreras por un paisaje de rocas y pinos, sus cestas, sus casas de madera instaladas en las laderas y barrancas, sus fiestas indígenas y, pese a todo, no pude más que pensar, escribir, reflexionar y recopilar las historias vigentes que aún no se habían solidificado ni fijado sobre cómo el controvertido antihéroe local se había convertido en un mito en ese hervidero de entusiástico magma creado por todos. Y aquello devoró por completo mi libreta imprescindible, que llevaba siempre en el bolsillo de atrás del pantalón como se hace con la cartera. Y que no volví a abrir hasta hoy.

Cuando nos alojamos en la misión de Norogachi, una casa parroquial jesuita construida yuxtaponiendo una serie de habitaciones independientes pero pegadas unas a otras en torno a un patio central, irrumpió la historia. Hacía frío y los cuartos tenían una rudimentaria chimenea, que uno podía abastecer surtiéndose libremente en la leñera que había en un rincón de la misión. Quizá aquel lugar de alojamiento fuera decisivo para que la historia envolviera toda mi estancia, para que estuviera yo albergado en el ojo mismo del huracán. Porque el padre Luis, el nuevo sacerdote, llevaba sobre sus hombros la carga inefable de la leyenda del anterior, como una sombra que superaba su personalidad y sus actitudes como párroco. Qué fiestas, qué abundancia en aquel tiempo que había sido mejor y qué piruetas de la avioneta, y ya se le veía aterrizar. Una vida de ese otro sacerdote que se desvanecía frente a la tibia presencia del nuevo.

Las mañanas de agua helada y retazos de nieve, y encuentro en mi libreta algunas notas. Esa pequeña tienda de abarrotes, junto a la misión, donde podías comer algo. Elena no tenía luz eléctrica pero recurría en ocasiones a un generador. Allí oí el primer atisbo de la historia. Tenía a todos consternados, intrigados. Era el principal tema de conversación en un lugar en el que no había nada que hacer. Un pueblo al que los tarahumaras llegaban desde sus rancherías diseminadas alrededor para visitar la posta médica o las oficinas del gobierno.

Y la frase lapidaria: «Era un gran narco».

Qué podría significar eso de 'gran'... ¿Que tenía ayudantes? ¿Que traficaba un volumen descomunal? ¿Que cubría con su poder e influencia la región como ningún otro de los alrededores? Precisamente. «Y con la avioneta podía decir misa acá y luego partía, ruff, ese resplandor, desde la puerta de la iglesia.

»Que los fieles levantaban la vista y los tarahumaras, y todos, y hasta yo misma salía de la tienda y brillaba la avioneta en el cielo azul y agarraba vuelo y todavía daba una vuelta sobre la escuela Gabriela Mistral y ya enrumbaba, el puntito se perdía, como que se lo tragaba el cielo, lo consumía... y un poco como que nos daba tristeza. Como un solecito que se apaga. Y todos a sus cosas, cada quien a lo suyo. ¿Cuándo volverá Pancho? Hasta que se oía de nuevo el rummmm, el zummmmm, y luego mucho más fuerte, y entonces ya vibraba y como que se estremecía el aire y venía otra vez. Ese destello. Saludando, descendiendo, polvo en la pista. Y zas, se detenía y ya bajaba el padrecito».

En verano, Elena contemplaba esas flores como trompetas de gramófono antiguo. Blancas, malva claro, sobre sus hojas verdes. Cuidado que pisaras el toloache, no toques el estramonio del camino. Llegaban hasta la puerta de la tienda. Pero en invierno todo estaba pelado, desierto de cualquier rastro de vegetación. El color explotaba entonces en el cielo. Sentados en el banco exterior de la misión, aparecía azul rosado, reflejándose en los charcos; el cielo se oscurecía, azul con nubes rosas; una estrella fugaz bajaba con su trazo luminoso en el cielo aún claro de la tarde. «El frío se llevaba todos los colores, todas las historias al cielo...», reflexionaba Elena.

«Hoy los curas son muy flojos. Ese padre Luis de la casa parroquial. De noche sale con su linterna y da vueltas y vueltas alrededor de la iglesia, como drogado. Trastocado. Pancho no, nunca. Estaba activo todo el día. Como que revivía con los vuelos de su avioneta. Nunca se le veía cansado. El padre Luis dice que no puede dormir, y da su paseo. Pancho salía tranquilo de noche a fumarse un cigarro. No parecía un cura para nada. Usaba unas sandalias enormes, machete en el cinto y pantalones arremangados. Era güero, grandote, con ganas de vivir, nuevo. En la iglesia decía: "sí existe Dios". Fuera: "¿tú le has visto?, porque yo no lo he visto". Y en la iglesia: "trátenme con respeto", pero fuera: "soy como cualquiera". Dormía siempre en mi casa, yo le rentaba. Porque no quería ese silencio de la misión, esa oscuridad apagada, donde no podía platicar».

Deduje que en aquellos respiros nocturnos había ido Elena enterándose de todo. «Tenía tres camionetas y en aquellos días le iban a traer una avioneta nueva. Nadie entendió lo de la maleta, que la tirara en el último momento llena de ropa. Y sabía lo que le iba a pasar. Pero no le daba importancia, era natural Pancho. Si se le rompía la sandalia, con el machete se hacía una tira nueva».

También los tarahumaras andaban a todas partes con sandalias, en medio de las piedras, las barrancas y ese frío y corrían como exhalaciones que se les veía pasar livianos por el paisaje, allá lejos, en la distancia. Como un punto de color entre las montañas, los pinos. Y todo lo llenaba la música de sus fiestas de invierno: el sonido de los violines día y noche, bailando ellos con espejos y telas estampadas, de colores rojo-amarillo-azul, mientras sonaba la campana de la iglesia tocada por un monaguillo.

«Se toman muy a pecho sus creencias», dijo el otro cura, el insomne, en su despacho de la misión. «Usan la iglesia a su manera. Fíjese que no quieren el agua de la pila bautismal; no se pueden bautizar con agua estática, debe venir de un aguaje, una pocita que esté viva, pura, de la montaña». Me había costado obtener la entrevista con el padre Luis, siempre receloso, quizá algo más gastado por el hecho de que Pancho parecía, en el sentir de todos, más vivo que él. «Nunca hemos conseguido que los indígenas entren en una celebración sin mascar chicle; no hacen genuflexión, lo tienen por humillante. Para nada hay sincretismo. Sólo aceptan el bautismo, y con agua pura, como le digo. Agua de ese paisaje fiero en el que viven ellos.

»A los curas nos ven como el momento de transición en que el *owirúame* se hace *sukurúame*. Esto significa: el momento en que el curandero se torna brujo. En las creencias de los tarahumaras se puede dar ese paso. Su Cristo puede ser usado para el bien y para el mal. Trabajaba en la misión un indígena que nos ayudaba, muy amigo de los curas y las monjas. Un buen tipo. Y resultó hechicero. Lo delató un moribundo, nos avisó. También mi antecesor era un poco así. Los tarahumaras lo llamaban el doble Cristo. Bebía con ellos *tesgüino*, ese alcohol de maíz. Y a mí pues nunca me han invitado. Pero a Pancho sí, lo llevaban a sus ritos, a las cuevas, a ese lugar que le decimos nosotros del demonio porque los tarahumaras adoran allí los huesos de los brujos muertos y adquieren sus poderes. Tocan sus cráneos. Yo sé que Pancho estuvo varias veces, por no decir de esas fiestas a las que llegaban cientos, yo diría miles, por lo que me han contado. Que Pancho les pagaba la bebida y la misión quedaba rodeada de tarahumaras bailando, ebrios, roncando en las esquinas. El doble Cristo, le digo, y doble es un término peligroso».

Amanece y una masa de bruma y neblina blanca cubre la misión. Elena tenía en su cocina de leña varios pucheros sobre el fuego, dos gatos dormitaban al lado. Bajo la ventana pintada de azul con cortinas rosas, las mesas formaban una L aprovechando el espacio. «Pancho se ordenó de sacerdote en Sisoguichi, donde la misión jesuita y la parroquia Dulce Nombre de María. Él conoció la sierra desde joven. La gente aquí tenía muy perdida la fe en Dios, y él los traía a misa, aunque nadie se quería confesar. Y es curioso porque ese día —estoy segura de que él lo sabía porque siempre lo repetía—, fue el domingo de Ramos. Para mí que

Dios estaba con él. Porque elegir ese día... El domingo de Ramos es muy sagrado. La maleta esa que tiró era de la italiana. Estaba llena de ropas finas, blancas. Y se abrió en la pista como algo de otro mundo, de más allá de Chihuahua, como una flor tiernísima. Y se volaron las prendas mientras él despegaba otra vez. Y yo pensaba, son como los pétalos de las flores de la iglesia... Pero Pancho siempre había dicho y todavía dijo aquella mañana: "Tengo tres opciones. Ir a Chihuahua. Ir al Infierno. O ir a la Gloria". Y a Chihuahua fue, porque eso ocurrió justo cuando volvía de allí, precisamente a las seis de la tarde...».

Se oían los gritos de los danzantes tarahumaras frente a la barda de la casa parroquial, cada vez más intensos. Llevaban ya varios días. A veces entraban en la tienda de Elena a comprar algo de comer. De noche los indígenas aparecían medio iluminados bajo el quinqué ventrudo con su depósito de cristal, en el puesto de tablas de la plaza. Una luz ambarina en un frío sin colores. Puse toda mi atención en el relato de Elena:

«Dio unas cuantas acrobacias en el aire. La gente miraba con asombro. Es que no sabíamos si era una de esas destrezas que el padrecito sabía hacer en el aire. Que a su lado los pájaros se veían torpes y te perdías mirándolo pensando en los ángeles allá arriba. Los ángeles de Dios. Pero Pancho aterrizó apenas y nos sorprendimos porque eso nunca pero ya le estaba diciendo a la rubia, a la mujer, "bájate", y ella dudó hasta tocar con el pie la pista y entonces rummmmmm y al elevarse todos pensamos que iba a bajar de nuevo a recogerla pero no, y menos mal que no, y ya trazaba la amplia curva en el aire ganando altura, subiendo hacia el cielo y hacia el cerro La Cruz. Y se estrelló. ¡Pum! Con toda la potencia de aquella avioneta. Directo. De frente. Tremendo golpe de fierros en la ladera.

»A los pocos minutos, la pendiente era un valle de lágrimas. Las camionetas subían y bajaban. La gente lloraba. Y la policía ordenó retirarse a todos por si estallaba el motor. Pero no,

Pancho lo había apagado momentos antes. Y allí impactó la avioneta, entre los pinos».

Al día siguiente de su relato no lo habíamos resistido y le habíamos pedido, «llévanos. A verlo». Porque aunque había sido, ahí seguía. Y fuimos ascendiendo la ladera, rodeando árboles frondosos, caminando por una tierra de invierno endurecida. Hasta que asomó la avioneta. En vertical. Destrozada la cabina, la cola se había conservado y, plantada, habían hecho de ella una cruz. Uno se quedaba sobrecogido por la ocurrencia. Un ataúd y una lápida que el mismo fuselaje del aparato había brindado. Surgía entre los pinos. Y cerca, una capillita de ladrillos, con flores amarillas. «Si hubiera sabido que han puesto esto aquí», dijo Elena, «le habría traído una veladora. No había subido desde el accidente. Él pidió que lo enterraran en la iglesia de Norogachi, y el obispo de Chihuahua lo permitió. Allí está, a la derecha del altar. En misa y con los tarahumaras. Y aquí quedó en recuerdo la avioneta formando esta cruz. Que yo digo que Dios lo recibió, que nunca fue al infierno, porque si no se habría incendiado. ¿No es cierto? Se habría quemado el aparato. Y está intacto. Como recién caído. Porque él siempre decía: "cuando caiga —que siempre supo que iba a morir en el avión— no me llevaré a nadie conmigo. Caeré en un lugar lejos, donde me coman los zopilotes"». Pensativa, Elena contempló con tristeza las veladoras, añorando la que no trajo y hablando como si supiera algo más, pero que ya no me iba a decir: «Es una decisión muy dura, es una decisión redifícil». Dando la media vuelta: «Y cuando se acabó Pancho, se acabó todo. Han dejado que se arruinase la casa, él siempre tenía flores».

La ventana iluminada por una luz de tormenta, cielo con nubes oscuras y densas. Plantas en la repisa y cortinas muy rosas sobre el marco azul, con luz dorada. Terminaba de borronear en mi libreta, me sentía incómodo. Cuando me acercaba el café, la mire. Elena, pensando en Pancho.

III

TERCERA PARTE

SIRENAS

Cruzando a pie o mejor dicho en lancha la frontera entre México y Guatemala vi un niño a la orilla del río. Se trataba del Usumacinta, una corriente de color marrón claro que, bordeada de selva, serpenteaba formando la frontera natural en los mapas. Las orillas eran de barro. Caían en declive varios metros hasta esas aguas perezosas que no parecían en exceso profundas. No eran inquietantes, al menos para mí; pero el niño no parecía pensar lo mismo. Bajo la sombra de unos árboles me explicó lo que sabía que vivía allí, debajo del agua. Era la Sirena. Como una sombra, un espectro. Algo más entrevisto que real, nada de seductor como las que conocemos en Occidente sino un ser de oscuridad evanescente y desdibujada que se adivinaba debajo del agua, que se movía allí junto a la orilla, que tenía una materialidad muy real cuando atrapaba a la gente y la mataba al llevarla a las profundidades. Aquella silueta femenina entrevista junto a las aguas de barro inquietaba tanto al niño como al resto de los pobladores de la aldea cercana que, al frecuentar los meandros del río, al caminar de noche, al salir de pesca temían lo peor de la Señora de las Aguas.

Claro que había rituales para apaciguar a la doncella fluvial. A la mujer de cabellos mojados que se le estiraban en hileras sobre la espalda. Al espantoso monstruo devorador que era peor que esos peces de grandes proporciones que, sin escamas, medio viscosos, precedidos por bigotes rastreadores, se deslizaban tanteando el fondo. Esos seres abundantes de carne que se movían sinuosos sobre todo de noche, pues anidaban bajo las piedras y copaban el río cuando el sol se ocultaba para perseguir, atrapar y devorar a todos aquellos peces a los que ganaban en tamaño.

Escuché al niño:

—La Sirena también come peces. Y no tiene marido. Todos los hombres son sus posibles maridos, siempre que los atrape y los lleve al interior del agua. La sirena es Siguanaba, la mujer con cola de pescado.

La Sirena era un ser temido, omnipresente y silencioso. No me resultaba claro cómo sabían que tenía figura de mujer si era sólo una sombra, una mancha que rehuía cualquier observación minuciosa, cualquier atisbo sostenido.

Por eso ponía atención a lo que me contaba en aquel momento el niño. Ordenaba en mi mente su narración mientras perseguía los detalles.

La noche que Juan se acercó al río nadie lo supo, ni siquiera su mujer. Porque, al salir de casa, él iba a la milpa, al campo de cultivo. Y es que hasta los pescadores de bagres tenían miedo de acercarse al agua a esas horas. Pero él había escuchado ese ruido. Como un silbido. Un chiflido. En las plantas de la orilla. Y le resultó atractivo. Suave. Un poco apremiante. Como una mujer, una muchacha. Y caminó primero en la leve densidad del barro. Después pegándosele allí las suelas de los zapatos. Luego llegó al agua, y se detuvo. Ya casi en presencia de aquello. Y oyó el zas del salto de una rana; pero no: era una palabra, una voz, «ven». Y ese rumor del agua que mecía o besaba los juncos; pero no: era un susurro, el reclamo de la muchacha. Y por fin creyó ver el origen de la voz. Pálida con la luna. Un cuerpo como traslúcido, opalescente. Sólo de la cintura para arriba, por debajo no se le veían los pies. Y entonces percibió lo que parecía una cabellera rubia, como las semillas de las espadañas esparcidas en el agua cuando las vuela y las mueve el viento en la superficie. Era extraño; la imagen se superponía al fondo y a la vez estaba hecha de los elementos del entorno...

Y ahí terminaban las huellas. Apoyados el machete y la bolsa con la comida que llevaba para trabajar en el campo. Justo en la orilla. Y las dos versiones del pueblo no llegaban a reconciliarse. Juan estaba al final de esas huellas que bajaban primero al barro y después se imaginaban por el fondo hasta el lecho del río, hasta el centro de la corriente. No, No. Juan había sido conducido, remontado por el agua, hasta ese remolino donde todo se hundía y no volvía a subir. Quién podía saberlo: a pesar de rastrear en lo posible, el cuerpo nunca apareció.

Trataba yo de traducir los aspavientos, laconismos y las indicaciones del chiquillo cuando el motor me sacó del barro y del lugar como tal vez hubieran rogado sus parientes que sacaran a Juan. La barcaza. El motor hacía eco en la vegetación de la orilla, remontaba la corriente fronteriza y distinguía esa selva impenetrable de algunas zonas del río, altos árboles flanqueando las aguas marrones...

Y quizá por el calor y yo buscando el fresco de pronto mi mente se fue a un río mucho más limpio y prístino corriendo sobre las piedras de los Andes. Y en sus pocos centímetros de profundidad se veían los guijarros pintados, colores de mineral, y las orillas mansas. Aquella cinta de aguas traslúcidas que yo miraba sabiendo que habían llevado los instrumentos temprano, cuidadosamente, hasta el manantial. Y los habían acomodado en la orilla entre los arbustos. Una escena de violines y de arpas y de flautas allí dispuestas, como si un grupo de músicos hubiera huido del altiplano dejándolo todo junto al agua.

El sonido del agua llenaba el espacio entre montañas, un gorgoteo apagado y estridente en el silencio absoluto. Burbujas, leves murmullos. Rumor indescifrable de mil pequeños matices integrados en el mismo torrente. «Voces del agua», dijo Toribio. Había llevado hasta allí a los músicos. Apliqué el oído al bisbiseo del río. Escuché. Y nada, no podía escuchar lo que oía él. Porque él sabía perfectamente dónde vivían las *sirinas*, que así las llamaba. Doncellas risueñas y bien peinadas que asomaban de la superficie en los cuadros andinos tocando con seducción unos instrumentos que parecían orquestar un concierto sobre el espejo del agua.

Pero allí no había que estar. Había que irse. Había que huir antes de que esas hermosas salvajes pudieran apoderarse del espíritu de quien hostigaba atisbando, espiando, voyerizando, me dije yo, la intimidad musical de las sirenas. Qué manía la de los seres humanos de andar husmeándolo y profanándolo todo, me dijo Toribio a su manera, que por su condición de sabio de los Andes tenía el privilegio de indicar el sitio apropiado para la disposición de los instrumentos. «¡Vámonos!»

—Sirinas —murmuró. Se iban los músicos y allí quedaban abandonados los instrumentos al menos por una noche, expuestos al sereno.

Y no voy a negar que por el camino yo quería volverme a mirar, a atisbar la salida sigilosa de aquellos seres acuáticos musicales. Pero no me lo permitió.

Dormí emocionado, en mi cabaña de adobe con techo de paja. Y por la mañana acudimos, los músicos, Toribio y yo, hasta la orilla. Algunos instrumentos se habían movido, leve, imperceptiblemente. Y entonces supe el propósito de todo aquello: las sirinas los habían afinado. Las mujeres del agua se habían pasado la noche ejecutando arpas, violines y quenas para transmitirles el arrullo del agua, para que adquiriesen los mil sonidos del río que en nuestro mundo sonaban en exquisitas melodías. Los habían hecho sobrehumanos. Les habían dado una existencia divina que ningún otro artefacto musical podría imitar. Ya participaban de su mundo. Y nos los íbamos a llevar de vuelta a casa, para que hicieran de los músicos unos virtuosos del tañido de las voces del agua.

Estremecido por el frío de la mañana, mojado por las aspersiones de una cascada que había salpicado la madera de los violines, volví caminando un poco temeroso, viendo la expresión de Toribio que, a ratos, se examinaba con prudencia las manos, la ropa y los pies como desconfiando un poco de su persistente condición humana.

Y de los Andes regresé al Usumacinta unos instantes y me quedé mirando el río por el que avanzaba la barcaza. Quizá porque mi mente ya iba en esos pensamientos, la vista de un árbol de cacao me trasladó de inmediato al vestido, al atuendo, al exótico atavío de otra sirena a la que había conocido por historias, ésta de origen maya.

Una Sirena a la que habían atisbado y me habían descrito los ancianos que aún recordaban a la mujer que se atusaba el pelo con un peine de oro, como hallando placer en aquel acariciarse y tender su melena desbordada sobre la espalda y los hombros. Tersa y uniforme. Abundante como una corriente de agua.

Pero mirándolo más de cerca, uno advertía que el cabello era de flores y líquenes, y que el cuerpo lo vestía una enredadera de pétalos selváticos y de granos de maíz hasta los pies. Un vestido de primavera. Fértil. Lleno de vida.

Blanca como la Luna. A la bella muchacha le arrebataron el peine prodigioso en el que destellaba el sol cuando lo entreveraba con el cabello, en aquella mezcla de palidez y de brillo áureo. Y envejeció. Se tornó una anciana. Y huyó, enojada, al mar. A partir de entonces los ríos de Tabasco se hicieron pantanosos y densos. El agua se estancó. Sobrevinieron sin cesar toda clase de desgracias para los mayas que habitaban en la comarca.

Convertida en la reina del mar, continúa viviendo en las profundidades oceánicas. La gente de Tabasco la conoce por sus objetos. Intuye su presencia oculta en el océano por la diversidad de tesoros que le pertenecen y suben a la superficie. Pasear por la playa implica toparse con el menaje de la sirena. Cuando se agitan las mareas y ruge el mar embravecido, todo el contenido de su casa se vierte en la orilla, saliendo a la luz las más exóticas apariciones en la línea de varado: perlas, conchas muy bellas, corales, caracolas. Todo lo que conforma la casa de la Sirena marina.

—Pero lo mejor es encontrar la propia casa —me explicó un anciano con una sonrisa misteriosa en la cara—. Parte de las paredes o del techo.

Esperé una de esas confesiones desconcertantes que iba a estimular mi imaginación siempre hambrienta.

—Me refiero al chapapote. Usted lo conoce. Esa cosa negra que sale de los mares y encuentra uno en la playa. Así lo vemos nosotros, deshecho por las olas, pero son los materiales de su casa en las profundidades. Eso vale oro.

Y cuando iba a preguntarle por qué, me mostró la lata. A un lado de la canoa. Y la canoa pintada de negro. Y entonces entendí que no había nada mejor que cubrir una embarcación con la casa de la sirena. Y entendí la sonrisa del anciano.

Y cuando seguí caminando, dejando atrás el Usumacinta y tratando de librar mi mente y fijarla en el entorno, miré hacia abajo y me pregunté por qué, cuando me recreaba pensando en las sirenas —en aquellas sirenas fluviales americanas—, mis pies siempre se llenaban de barro.

HOTEL NACAJUCA

Fui el único inquilino del Hotel Nacajuca por muchos años. Hasta que un día, al pasar por ahí, lo encontré cerrado. Clausurado. Cerrado para siempre. Y no me extrañó del todo. Porque yo nunca había visto a nadie dentro, ningún cliente, ningún huésped ocasional, a nadie excepto a mí y, a veces, medio fantasma —no se sabía cuándo estaba y cuándo no—, al de recepción.

Aquel edificio de cemento sin revestir que alcanzaba los tres pisos tenía en la puerta un arco, gris también, en forma de corazón. Un corazón que, si te apoyabas a ver la plaza, te inscribía dentro, un adorno coqueto. Y, si esperabas a alguien, llegaba hacia ti viendo crecer ese arreglo de tarta de bodas petrificado, contigo dentro, que a nadie se le escapaba una sonrisa, pero una sonrisa ladeada, no como al ver un globo rojo carmín. Pasaban los años y seguía gris. Qué insistencia. Todas las casas alrededor estaban pintadas. Con el ambiente del trópico tabasqueño, brillaban sus colores de frutas enlucidas tras la lluvia, y aquello seguía gris y ennegreciéndose levemente por los incesantes chaparrones. Era un poco siniestro, plantado allí en medio de la plaza.

Te dejaba detenido el juicio. Ni el corazón terminaba de darle el matiz jubiloso ni el gris de volverlo lúgubre. No sé por qué siempre me alojé ahí. Quizá porque era el único del pueblo. En realidad, ciudad. Nacajuca. Una de esas urbes perdidas en los márgenes. Situada justo al borde del área maya. Podías viajar a los pueblos internados en las lagunas y los restos de selva.

Entre el calor y el cromatismo del trópico, el gris resultaba rarísimo; el ambiente sofocante excluía esa falta de color. Excepto al nublarse el cielo. Y muchas veces me pregunté qué hacía allí aquel monumento a la humedad, a los rastros de verdín, a los escurrimientos de lluvia que tiznaban la fachada. Tampoco lo limpiaban, pero continuaba abierto.

Incluso el trato del de recepción como que escondía algo, normalizando el hecho de hospedarme en un lugar al que nunca llegaba nadie. Como cumpliendo con algún protocolo, un día, al darme la llave de la habitación, señaló el camino hacia la terraza. Lo dijo con la misma seriedad con que en otros establecimientos me hubieran podido señalar la ruta hacia la piscina. Me detuve. Titubeé. ¿Habría algún significado especial en esa azotea? Y enfilé una serie de escalones grises cubiertos de pequeños charcos. Accedí a una planicie irregular. Amplia. Sin nadie durante años. Como habitada pero vacía. Fierros tirados, tendales con óxido por efecto del clima. Espacio desolado como de fotografía en blanco y negro.

Que siempre me alojaran en la misma planta me intrigaba. Lo sé porque desde el ventanuco del baño podía atisbar los pasillos superiores y al ducharme espiaba una y otra vez la soledad de la planta de arriba. Aquella extraña visión bajo la ducha que hubiera espantado a cualquiera —ver un pasillo vacío, entre gris y oscurecido— me da, y no entiendo bien por qué, hoy cierta nostalgia. Y me sorprende aún más mi determinación de dormir apretando los ojos sobre el sofoco de aquella cama, la atmósfera vibrante por el ruido del aparato jurásico de ventilación que acompañaba en la oscuridad más que ventilaba. Con ese olor pertinaz a cerrado, a nube enclaustrada, a concentrado de lluvia tropical que no podía escapar bien por las ventanas. Como si el ambiente gris resultase un refugio más propicio a la humedad.

No sé qué fuerza me llevaba a hospedarme allí una y otra vez. Quizá por el contraste. Alojado dentro de un lugar tétrico y abandonado en un pueblo perdido en el fondo de la nada. Una zona recóndita y olvidada por la decadencia del petróleo pero cuya vitalidad latía en todo aquel mundo de color que lo rodeaba y se adentraba en los pantanos.

Y un día cualquiera salí mal dormido de calor y de insomnio por el corazón que daba a la plaza. Para ir con unos amigos mayas a un enclave de selva. Y pude sentir en el entendimiento la vida a través de los colores del trópico, y cómo en ellos no cabía el gris.

Metido más allá de una carretera, entre las plantas de las lagunas, pastizales y el cauce de un río, había un restaurantito al que llegaban sólo los tabasqueños. Mesas blancas de plástico a la intemperie, suelo apisonado, un sobrio mostrador en donde ponían los platos de la cocina. Y en medio del patio, un grueso y retorcido árbol en el que se habían encaramado tres gigantescas iguanas, cuyas patas y colas bajaban adecuándose a las ramas. Una, verde; dos más, rojizas. Detenidas como estatuas. El color de las escamas variaba con el sol descendente: verde jade o rosado y rojo cobre. La maravilla de comer allí viendo brillar a aquellas gemas vivientes. Como una muestra de la selva circundante.

Y alrededor, aquellos ardientes mil colores en un territorio de árboles tropicales que se extendía entre un cielo de fuego y un espacio de agua al que se refería Pellicer en sus poemas. «Ruidos de vidrio tornasol» y «manos llenas de color». Amarillo y rosa de pétalos selváticos. Cuajado de flores y atuendos de colores.

Y en esas estaba cuando, imperceptiblemente, al local había ido llegando poco a poco más gente; las mesas de plástico se ocuparon. Iba y venía el mesero con platos de peces grandes, una tortuga asada, un llamativo pejelagarto. El cielo calmo y despejado.

Pero de improviso noté que parecía disminuir la luz del sol, aunque no se estaba ocultando. Unas nubes grisáceas fueron desplazándose hasta cubrir toda la bóveda celeste como sólo en el trópico puede ocurrir de un momento a otro. Y al destellar del sol sucedió un oscurecimiento tenebroso. Un oscuro toldo lo cubrió todo y en cuestión de minutos comenzaron a estallar relámpagos y a caer unas gotas gruesas. El estruendo que bajaba de las nubes y el fuerte viento fueron como una señal para que el grueso de los presentes se pusiera en pie al unísono sabiendo, sin lugar a dudas, lo que debía hacer.

Las lonas se lanzaron por los laterales de un pabellón en el que cabíamos todos. Y, antes de darme cuenta de lo que ocurría —que no nos estábamos cubriendo de una tempestad tropical sino otra cosa—, sonó la música. Que no permitía oír el estruendo del trueno. Y aun así acerté a captar la coordinación frenética de aquel mover de mesas, despejar el lugar, afianzar la tela que quería volar el viento, todo en un par de segundos. Para empezar a bailar.

Parecía como una fiesta que quisiera ganarle en dinamismo y bullicio a la tormenta. Música que apagaba casi los truenos y esa alegría que terminaba de extinguirlos afrontando el peligro nada ilógico de nos fulminara un rayo. Porque la estructura metálica del pabellón que nos cobijaba y desnudaba parcialmente el aire daba el reflejo instantáneo, fugaz, de los relámpagos. Rachas de lluvia con el aire. Flecos de los toldos. La música. Cantando. Bailando. Más más más.

Y yo bailé inmerso en la alegría que da sumarse a un carnaval ajeno sin entender nada.

Pero abandonados y olvidados y entregados ya al frenesí de unos ritmos tan fuera de la tormenta... De súbito, escampó. Todos llenos de música y color.

Y yo quería continuar bailando. Qué poco había durado la tromba tropical.

Sin que pudiera hacer la pregunta, todos volvieron a la actividad anterior. «Aquí no ha pasado nada».

Como el eco de un sueño, imposible averiguar lo que no sucedió.

Durante el camino de vuelta, yo aún seguía intrigado con esos retazos de sueño que se introducen en la vida ordinaria. Irrealidades. Un mundo que ya se desvaneció.

El coche se detuvo en la plaza de Nacajuca.

El hotel oscuro y humedecido, todavía se veían los tenues riachuelos corriendo por la fachada. Zonas enmohecidas como manchas de nubes. La cornisa goteando. Seguramente la tempestad se había apoderado de la azotea.

«Parece todo de lluvia», pensé.

Me volví hacia una de las personas que habían bajado del coche, una mujer maya provista de un vestido rojo brillante, encendido.

—No ha de ser bueno alojarse allí mucho tiempo —la mujer miraba contrariada.

Recordé el olor a humedad que lo invadía.

—Parece como si la tormenta hubiera salido de ahí dentro. Como si el color gris la encarnara —me dije.

Y entonces, como por arte de magia, regresó como un fragmento de sueño extraviado la experiencia de aquella tarde. Y con ella, fugaz, la respuesta:

—La música es el color que ahuyenta las tempestades.

NO CONTACTADOS

Estaba en Puerto Supe sin saber que era Puerto Supe. Con razón tanta belleza. Era conocida la anécdota de Blanca Varela, la amiga de Octavio Paz, que había visto la bahía y se había enamorado. Exaltada, le compartió a Paz el título de su libro de poesía: *Puerto Supe*. Paz quedó horrorizado, probablemente por la sonoridad. «Pero Octavio —le reprochó Blanca—, ese puerto existe». «¡Ése, ése es el título!», gritó Paz exaltado. Y así se llamó el libro: *Ese puerto existe*. Tomo el relato de Vargas Llosa y les doy la razón a ambos, los nombres deben estar a la altura de la realidad.

Y allí me encontraba, con los ojos deslumbrados de mar, encerrado en el hotel ordenando mis notas amazónicas. Porque uno acaba pasando a limpio las cosas en los lugares literalmente más peregrinos. Más ajenos al sitio de recolección. Más imposibles de ser pensados desde las notas de campo y viceversa.

La anchura del río permitía ver las colinas azuladas de más allá, en el Parque Nacional del Manu, cerca de la Amazonía brasileña. Todavía en Perú. En la selva más inhóspita, más genuinamente virgen, una extensión del tamaño de Suiza completamente verde. Con zonas inexploradas. Y numerosos grupos de indígenas no contactados campando a sus anchas por el territorio, sin que nadie los hubiera visto más allá de unas fotos aéreas.

La visión de las colinas azules al otro lado del río me obsesionaba. Porque se podía llegar hasta allí, hasta aquella orilla, pero más allá de la turbulenta corriente marrón todo era desconocido. Y que fuera desconocido y lo pudieras ver al mismo tiempo con tus ojos era realmente extraño. E inquietante. O sea, desconocido pero visible. Mostrado pero oculto. Tan cercano en apariencia pero no. Porque el pobre que había pasado hacía unos meses —para tomar fotos, contactar a un grupo de mashco piros, jugar un poco a ser explorador— había acabado enclaustrado en el interior de un árbol hueco tirado en el suelo, perseguido y asediado por los perros indígenas que resoplaban mientras él le pedía a Dios no morir allí despedazado. La excursión de caza continuó y el hombre se libró por los pelos. Salió y cruzó la orilla.

A donde yo me encontraba en ese momento, revisando mis notas. Pensando en aquellos no contactados que no habían visto a seres humanos como nosotros. Un verdadero mundo otro a un universo de entendimiento de distancia. Entre las hojas, en la floresta, siluetas con arcos y flechas, como en mis libros. Con toques de color en las pinturas corporales y los tocados de plumería. Cazadores y recolectores pertinaces que recorrían de continuo amplias zonas de la selva. Y además del escapado de los perros, estaban los otros colonos que vivían en las márgenes de la selva y cuyos encuentros habían dado lugar a extrañas historias sobre ellos.

Porque la aparición de algo que no es del todo humano en los cánones de quien lo observa no deja a nadie, nunca, indiferente.

Lévi-Strauss, el gran amazonista, narró su experiencia en *Tristes trópicos*. La más intensa inquietud ante la otredad no la había experimentado ante un indígena, sino frente a una de las pacientes que le llevó a conocer su profesor de psicología, George Dumas. «Ningún primer contacto con indios salvajes me intimidó tanto como esa mañana que pasé junto a una viejecita envuelta en ropas de lana», escribe.

Cada quién percibe al otro peligroso en un humano concreto.

A mí me había pasado hacía muchos años en África, en un pequeño campamento detenido temporalmente en el Sáhara, al sur de Marruecos. Bajamos del coche y me topé con un joven de ojos extraordinariamente fieros, su expresión, la mirada casi extraviada, y aquella fijeza que no puedo olvidar.

Y así les pasaba a quienes veían a los mashco piros saliendo de la espesura para presentarse de pronto en un poblado, sorpresivamente en un camino, tal vez a la orilla del río. A mirar o a exponerse fugazmente en un lugar más peligroso que la selva.

«Vienen de la región del Paititi», dijo la mujer. De esa ciudad de oro que todos sabían que existía en lo más denso de la selva. Una superficie de edificios de oro que destellaban sin cesar en los cerebros de quienes vivían justo al borde del río.

Relumbrar áureo. No contactados que debían de estar casi cubiertos de ese polvillo fino cuando salían del fondo de la espesura.

—Detrás del cerro que se ve allí, en la otra orilla del río. Duele la cabeza si se accede a ese lugar. Donde está el Paititi viven los yaminahuas.

A veces eran yaminahuas, a veces mashco piros. La mujer hablaba con la naturalidad de quién evoca esas ciudades a las que cualquier día se puede ir.

—Viven en Pincuncillo chico, en la cima del cerro, y en la planicie, en Pincuncillo grande. Sobre el cerro en la época de lluvias y en la planicie en la época seca. Se mudan de acuerdo con la estación. Y tienen los pies enormes. Vemos las huellas. Humanas pero muy grandes. El cura que los vio salir mató unas vacas para darles de comer; pero no las cocinaron. Allí donde las encontraron, se las comieron crudas. Manchándose de sangre. Vimos que se tapaban con hojas. Se comunicaban con señas. Señalaban la ropa de la gente de Itahuanía, y luego su pecho, para indicar que la querían. Llevaban canastas tejidas. Uno de ellos perdió a un niño al salir huyendo; lo criaron aquí. Ahora ha crecido. Es enorme, con los pies grandes. ¿Cómo será esa ciudad de oro cerca de donde viven, con casas y edificios? En los veinticinco años que llevo aquí, han bajado tres veces».

Sin describirla directamente, yo veía los destellos de las casas y de todo lo que allí había en los ojos de la mujer, y no sabía si estaba más preocupada por la extraña naturaleza de los no contactados o por la ciudad del Paititi, ese *El Dorado* peruano.

Aquella ciudad mítica de la que algunos decían que era el refugio de los incas tras la conquista española. Donde vivían sacerdotes y nobles. Con un inmenso tesoro de oro. Un reino brillante perdido en la selva, al que, por lógica, la gente más selvática debía conocer. Pero la mujer no hablaba con esa avidez de tantas expediciones y exploradores que desde la época colonial la habían buscado y la seguían buscando. Sino con la más natural de las actitudes. Hasta tal grado estaba implantado el Paititi en la cartografía y en el imaginario de los colonos ribereños.

Pero no sólo de los colonos. También en el de los selváticos. Porque de pronto recordaba la experiencia de una sesión de toma de ayahuasca. Había podido conocer a un chamán machiguenga, llamado Mateo Italiano, que me invitó a su casa en el Alto Madre de Dios. Y una noche inesperada —«puedes venir si quieres»— descubrí los preparativos de la ayahuasca y, al entrar en la cabaña donde se celebraría, vislumbré sobre el piso oscurecido a varios machiguengas. Pero no se parecían a Mateo ni a los otros indígenas de este grupo que conocía. Y reparé entonces por su atuendo, atavíos y estilo de llevar el pelo que se trataba de no contactados del Manu. Y sólo después sabría por Mateo que habían salido del fondo de la selva para acudir a la sesión del chamán. Me sentí raro allí dentro, privilegiado a la vez.

Mateo cantaba y hacía preguntas a los presentes sobre qué estaban viendo y dónde se encontraban, cuidando el viaje de cada quién. Apenas podía yo distinguir su corona amarilla de plumas que se dice arroja luz sobre las tinieblas. Y de pronto, entre mis propias visiones, oí una voz que Mateo me tradujo al español. Y vi al mismo tiempo la imagen que me describía como si brillara implantada en mi propia mente, como si yo mismo asistiera en ese momento al espectáculo. «Estoy viendo a los incas trabajando —Mateo traducía las palabras del machiguenga—, ahora mismo, en una ciudad de oro».

Nada pudo parecerme entonces más extraño. Pero semanas después repararía en que esos incas que trabajaban incansablemente en el entorno de la urbe áurea no podían ser otros que los que vivían en el Paititi, en lo más denso de la selva, en sus casas de oro, quizá no tan lejos de nosotros.

Pero la mujer seguía hablando y se desvaneció mi recuerdo de la sesión; ya había dicho lo de las vacas del cura y ahora hablaba del incidente de la barca. La anécdota empezaba y escuché:

—De pie, en la orilla del río. Esperaba como quien espera el autobús. Desnudo, delgado, pintado todo el cuerpo. Con su arco y dos flechas. El bote paró. Como hacen los barcos del Amazonas cuando ven a un pasajero en la ribera. No sospecharon. Quizá por su actitud, esa postura tan profesional de aguardar la llegada de un transporte fluvial. De lejos les pareció de aquí.

»Le hicieron un hueco y subió a un vehículo que conocía de su propio mundo. Y sepa usted en qué estaría pensando mientras la gringa miraba sobre la borda de la canoa y con ensoñación el paisaje ribereño. Tenía unos cabellos como de oro. La gringa, digo, no el mashco piro. Viera qué fuerza. Se abalanzó sobre la mujer. Y ella a los manotazos y los pasajeros «quítenselo», y gritos de la mujer y el que manejaba el bote con voz más alta «vamos hacia la orilla», que todavía tuvieron la decencia en ese momento de no arrojarlo a la corriente... y a empellones ya querían dejarlo en la orilla, y la gringa gritando, del susto de verlo tan cerca, y él abajo, gesticulando y amenazando rabioso, pero ya se alejaban por la corriente... mientras levantaba el arco en la orilla, y dentro el bote la gringa, «ay qué susto», pero en inglés, «qué terror», frotándose los brazos allí donde la apretó, donde la había sujetado para subírsele sin decoro encima...

»Y todos se fijaron, y yo también me pude fijar. Porque la vi cuando la trajeron aquí, todavía alterada. Vi que tenía como el sello de las palmas de las manos, como la marca, el contorno, no en morado sobre los brazos sino rozado de oro. Como cuando tocas una mariposa, pero en forma de mano, estampado, ese polvillo brillante».

Y no podía creer yo que pensaran que el mashco piro había pintado a la gringa con color de oro porque venía del Paititi y conservaba todavía en sus dedos el finísimo relumbre del metal precioso que brilla y destella como el sol. «Precisamente —dijo la mujer—, como los cabellos de la gringa». ¿Y por eso había quedado el mashco piro fascinado con la rubia? Fuera verdad o mentira, todos lo creían. Huellas de pies enormes, manos rutilantes de oro. ¿Habría visto en la muchacha a una mujer del Paititi, afinidades electivas?

Pero yo cerré mi cuaderno y dejé de escribir. No quería incluirlo. Seguro era una de esas conjeturas fabricadas en la cabeza de todo el que acaba contagiado de ese mundo selvático, sin límites entre la realidad y la ficción. No aquéllo, lo de la gringa, que sí era verdad. Sino lo otro. Una elaboración personal, tal vez colectiva. Sueño o delirio compartido.

Porque yo sabía, o creía saber, el destino que se le había reservado al Paititi. Y es que alguien al que otorgaba cierto conocimiento, joven cocinero que integraba expediciones en distintos lugares de la selva, me lo había dicho o, más bien, confesado. Que había visto las cajas. De cerca. Y su descripción era tan real que me retumbaba aún en la mente el ruido de los helicópteros… Esos monstruos del ejército usados para llevar carga pesada, con dos hélices. Los que, si salen en las películas de guerra, no presagian nada bueno. Con una rampa y poleas. Como grandes insectos que cargaran una presa. Pero no iba a contarlo. Hay cosas que uno debe callar o descartar. Pura chismografía, conjeturas.

Y pensando en lo de la ficción me acordé de la novela en que yo había conocido a los machiguengas. Y de que el mismo Vargas

Llosa había tenido también su propia cuota de descubrimiento selvático. Cuando se documentaba para *El hablador* y quería conocer a uno de esos narradores itinerantes que —como él— habían convertido su vida en la tarea de contar historias, en este caso, mitos. Un machiguenga extraordinario que era una institución humana, de la que no se sabía si aún quedaba alguno. Y yo en mis adentros siempre me preguntaba si sería verdad o no. Si había logrado el propósito de verlo con sus propios ojos y registrar vivencialmente los detalles para su novela o se había conformado con las fuentes etnográficas que él mismo citaba en la obra.

Y fue precisamente Fernando de Szyszlo quien me lo aclaró. En sus memorias. Digo *precisamente* porque Szyszlo fue marido de Blanca Valera y yo estaba en ese momento en Puerto Supe —*ese puerto existe*—, cosas de la vida.

En cierto pasaje leí con verdadero gozo lo que llevaba años preguntándome. De lo que Mario no contaba nada. Pero que Szyszlo revelaba sobre él, su hijo y Vargas Llosa diciendo que, en un viaje a la selva, «partimos los tres en busca de un *hablador* machiguenga. [...] Por la tarde fuimos a un pequeño puesto de la Shell en Camisea —todavía no existía el yacimiento— [...]. Mario fue esa noche a encontrarse con el hablador y [...] de ese viaje salió la novela».

No se nos dice más. Pero podemos imaginar la emoción de Vargas Llosa en su encuentro con aquel machiguenga especializado en la narración oral antes de que la región de Camisea fuera penosamente devastada por el petróleo. Un machiguenga tal vez parecido a los no contactados que yo había visto en la toma de ayahuasca. Nada del Paititi, eso sí, que no forma parte del universo mítico de la gente de esa región.

Y aunque he dicho que no, creo que me voy a animar a contar lo que me narró el cocinero de la selva que, según me aseveró repetidamente, conoció el destino del Paititi. Inmerso en esa atmósfera de horror que reinaba en la época de los militares.

Con la guerrilla de Sendero Luminoso y la violencia desatada por todos los rincones del Perú.

Me quedé pensando. Recordaba. Ni me atreví a preguntarle a quién le sacaron algo como la localización del Paititi. Tan sagrado. De esa época del terror hay mil historias escalofriantes. Él vivía cerca del Parque del Manu y no tardó en darse cuenta de lo que ocurría. Se veía. Y lo escuchaba. «¿De dónde salían esos helicópteros Chinook que usaba el ejército en las operaciones especiales?» Volaban a diario largas distancias y bajo ellos aquel atronador sonido de muerte que escalofriaba a toda forma de vida.

¿Por qué una zona casi despoblada recibía esa atención y movimiento de tropas? Y entonces, a los pocos días, comenzó a ver las cajas. Esas enormes estructuras como embalajes que aquellos demonios columpiaban por el cielo. Cajones gigantescos de madera. «Pero, ojo, no de la base militar a la selva. De dentro de los bosques del Manu hacia el exterior, como si estuvieran sacando de allí algo. Como si de entre los árboles extrajeran alguna cosa enorme que requiriera de aquellas operaciones. ¿Pero qué iban a sacar de ese tamaño? Los árboles que talan los clandestinos se los llevan en camiones.

»Cortar aquellos pedazos de oro era complicado. No los podían aserrar de forma precisa y más bien los troceaban. Días y días. Mañana y tarde. Cajas y cajas. Que las veíamos en el cielo y decíamos cómo podía ser. Hasta proyectaban sombra en la selva. Sabíamos que Fujimori estaba detrás de las operaciones porque llegaron fuerzas especiales y no dejaban que nadie se acercara. Custodiaban esas cajas que se columpiaban con cuerdas como en una mudanza pesadísima. A los dos meses terminó la operación. Y aquellos militares que eran como termitas, donde llegaban lo carcomían todo, ni tierra quedaba para plantar nada. Habría allí muchos muertos, como pasó en otros lugares. Yo pude acercarme y mirar dentro de una de esas cajas, pero lo escuché clarito: «el que abra la boca va directo al río».

El cocinero no parecía albergar duda al respecto. El Paititi había sido expoliado como una mina de oro y trasladado como botín del ejército, pedacería rutilante, a Lima.

No sé. No sé.

Porque, pensándolo bien, aquello no podía ser del todo cierto. Y es que los yaminahuas o mashco piros vivían todavía en las inmediaciones de la ciudad dorada cuando llegué por vez primera a la selva. Lo de la gringa había pasado unos veinte años después. Y muchos continuaban viendo a los incas trabajando arduamente en el Paititi durante las sesiones de ayahuasca.

Y así me lo hizo saber el chamán una noche. Bajo el cielo inmenso y fiero de estrellas de la Amazonía, con una gigantesca Vía Láctea sobre nosotros, me dijo que había otra selva allá arriba, otro río. Un río en el que iban a beber los animales del cielo para alcanzar la inmortalidad. Y entonces interrumpí el momento y aproveché para preguntarle sobre los señores con oro que habían aparecido en la visión de ese hombre, y la ciudad de la selva. Y por toda y a la vez contundente respuesta quitó los ojos del cielo y me miró sin dudar de lo que iba a decir:

—Están vivos los incas. No mueren.

Y yo sabía perfectamente que Mateo me estaba transmitiendo lo que había visto en algún fragmento del espacio-tiempo de la selva, al que, gracias a la toma de ayahuasca, también él había accedido, en tiempo presente. Viendo refulgir el oro.

TAXI A LIMA

Cuando llego, al salir del aeropuerto, tomo un taxi en la calle. Siempre. No soy de los que toman los taxis negros, ministeriales, como recién salidos del concesionario, de fuera de la terminal. Los de la calle parecen haber huido del desguace antes de su desmantelamiento. ¡Pero qué alegría de vivir la de esos taxis mil veces rozados y rayados y despostillados, que llegan incluso a esconder piezas insólitas en el maletero! Aparecen como tesoros la llanta de una rueda, la defensa delantera... que serán apartadas para meter la maleta. Y es que el tráfico de Lima no perdona. «Usted sabe cómo envisten los carros, y a veces se cae alguna pieza. Pero yo siempre las recojo, con amor. No iban a quedarse en la calle. Y lo guardo todo aquí dentro. Donde debe estar. Permita que mueva el parachoques y aquí cabe su equipaje».

Y la fugaz y a la vez solemne negociación que fija la tarifa antes de perderse en las calles de Lima te hace creer que estás ante un acontecimiento trascendente:

—Con treinta solcitos no sale, jefe. No llego a Barranco. Mejor deme cuarenta.

—Treinta y cinco.

Y ante la queja que esperarías del taxista te sorprende empero su admiración alabando que usted sí, jefe, como le pasa él, sabe valorar el dinero. Y entonces:

—Arranco nomás. Que al toque viene la patrulla y aquí no puedo estacionar.

Y ya suena Radio Mágica, Ritmo Romántica, La Inolvidable o la Nueva Q. Con una salsa, *Tú con Él*. Válgame el cielo. Y las ventanillas subidas que apenas te preservan del caos vehicular pero la música pareciera salir del taxi y formar el ritmo con que se mueve la ciudad.

Y si existe una ciudad que hay que ver en movimiento, ésa es Lima. Desde un carro. Fluyendo atrabancado en el torrente. Entre insultos. Cláxones. Gritos. Peatones huyendo. Transportes moribundos. Y de ese extraño existencialismo vehicular nos preguntamos todos y cualquiera que vaya a Lima y sin duda los escritores que tantas novelas limeñas han escrito y documentado con ese rumor de fondo que es como una selva salvaje que enmarca y en el que subsiste la existencia de cada día. Hasta el lector se marea. Y sabe que si sale el personaje de una casa, se mete en el Coliseo, con una cuadriga, ay de aquél que esté dormido o desanimado. La vida exige la lucha cotidiana del tráfico que es Lima sin piedad y con pasión. Esos «innumerables viajes en ómnibus, colectivos, taxis y tranvías» de Ribeyro y el exabrupto de un Gamboa más alebrestado y adolescente que se plantea: «Pero esto es Lima, piensas, esto es peor que cualquier infierno, gritas, esto es una puta maravilla».

Te sientes vivo ante esa supervivencia colectiva que te encrespa la sangre y te hace sentir esa energía primaria de la alegría de la vida simplemente existiendo, subsistiendo.

—¡Carajo! —un silencio en el auto como de eco—. Y por eso a yo, a mi Sarita Colonia, pues le pido siempre que me lo cuide y no me chanquen mi taxi como papilla. Me lo respeten, pé. Que goce un poco más de la vida, mi gordito, con sus quince añitos que tiene —Y dio dos golpes que sonaron a hueco en el salpicadero.

Cruza un autobús destartalado. Se lleva con mi mirada el lateral color guinda que en sus desconchones me hace suspirar por los destinos evocadores: Jesús María, Salaverry, Miraflores, Barranco, Chorrillos... todo a lo largo como una barra de caramelo o un chocolate que en su etiqueta te hace pensar en olor a frambuesa y llega, infantil, el dulce de la receta.

—¡Cojudo! —y se compone—. Maestro, perdone.

»Aquí son muy bravos. Si no grito no paso —y bajando el tono—. Sarita, patrona de los pobres. La traigo aquí colgada con su oración... Mire cómo nos cuida desde el espejo.

Y en medio del griterío, de los improperios, del vendedor de D'Onofrio, del agua helada, el rezo:

—Dame, Santa, vista aguda, mano firme y corazón atento; ahuyéntame los robos, peligros y malas experiencias... sirviendo a mis pasajeros, con respeto y diligencia...

Y las palabras se difunden y esparcen entre los grafitis coloristas que discurren por las paredes de las casas con unos tonos frutales transmitiendo mensajes de una profundidad y reflexión fosforescente:

«A la droga dile No».

«Lima Love».

«Mira con Amor».

«Hongos Espaciales».

La música, los rezos, agüita helada. Pasa todo fugaz.

El mercado Polvos Azules que se acerca y en un enorme cartel te llega como un mensaje de arena azulada de los jabones de lavadora y sientes en el estómago el descenso a la Vía Expresa, una bajada hacia ese un umbral espacio-temporal que del siglo XXI te lleva al XIX de ida y vuelta con una ciudad punteada de estaciones, el bus metropolitano, y pasan veloces las paradas —*México, Canadá, Javier Prado, Canaval y Moreyra, Aramburú*— mientras el taxi avanza de frente, encajonado en una autopista descendente, larguísima carretera sin curvas que, según dicen algunos, se sobrepone al antiguo camino inca. Una arteria como un corte transversal, donde todo fluye por primera vez en medio de paredes mosaicadas, ornadas de dibujos cuadriculados que parecen forzar la velocidad.

Y la cara del taxista, más preocupada, en el instante en que exclama:

—¡Asu'mare! ¡Qué piña!

Y tomamos, de golpe, una calle lateral, algo nos pasa.

—Nos quedamos sin combustible. Disculpe, maestro. Estos carros gastan harto. ¿Podrá adelantarme alguito?

Y rebusco en mi bolsillo unas monedas porque ya viene hacia nosotros, creciendo, la gasolinera, pero la buena noticia no es ésa, sino que huele a mar. ¡A mar! Cuando al otro lado escucho como el estertor de un motor. Junto al surtidor. Pero me hace saber el taxista que no es del coche sino de la moto, un repartidor. Nos movemos. Avanzamos. Ya han quitado la manguera y se queda atrás la gasolinera perdida en ningún lugar mientras ruge el automóvil entre los callejones, más aprisa, más, con esa vida que aún rescolda bajo el motor y tras caracolear y dar mil vueltas, salimos...

A la Costanera. Flanquea todo el litoral. La amplísima Costa Verde como un mar de óleo o acuarela, inmenso, espumoso, que vienen y van las olas, playas y arenas en sucesión, luz rebrillando, junto a la carretera de kilómetros y más kilómetros del frescor oceánico de esa Lima marina.

Cuánta vida en esa superficie sin contornos. En esa panorámica.

Y la radio y dedos tamborileando en el volante: «*Es-que-no-puedo* —aire salado— *sacarte-de-mi-mente* —pelícanos, sobre nosotros, en vuelo—, *he-cometido un-error con-tigo* —fila de cormoranes en los cables—, y-*ahora-me-encuentro, aquí, arrepentidooo...*»

En un coche deportivo, habría que bajar la capota.

Velocidad que abate casi las ventanillas y entra la humedad del aire. Escenario de veleros y acantilados. Infinito horizonte de navegante. Unas olas espumosas que muerden las piedras negras de la costa color verde turbio cegado. El Océano Pacífico latiendo en el esmeraldado opaco de sus aguas y surgen brillantes los tejados azules repintados de la Rosa Náutica, como fragmentos poliédricos de azul sobre pilares blancos lamidos por las olas. Fiereza marina contenida, con un faro al fondo. Decenas de surfistas sobre sus tablas luchando arriba y abajo, en las dunas móviles de aguas oscuras. Y los petreles y pelícanos como boyas flotando, manchitas blancas. Restaurante omnipresente en las historias limeñas, reuniones, negocios, amantes clandestinos, siempre en ese lugar que existe más allá del papel.

El coche revitalizado, las aves gritonas. El mar que campa en el aire.

—¿No le provoca un cevichito, maestro? Porque si me permite, hacemos una paradita. No aquí; en Chorrillos. Le presento a mi casera. Y almuerza un buen ceviche o parihuela. Yo recojo un encargo, maestro, si no es molestia. Al toque. De Chorrillos ya lo regreso a Barranco, es cerca. No nos demoramos. ¿Conoce Agua Dulce, la playa?

Ese mercado de pescado de Chorrillos, junto al mar, con peces raros. Sin llegar nunca a ser turístico. ¿Cómo negarse a ir? Un refugio auténtico dentro de la ciudad. Abriendo la puerta y recostándome contra el amarillo del taxi, recuerda un poco a los de Manhattan con su cenefa blanca ajedrezada de cuadritos negros. Noto el mar en todo el cuerpo. Como cuando bajas de un avión, en el trópico, y te asalta la humedad, pero ahora la brisa que te envuelve y un olor penetrante a algas, a erizos marinos entre las rocas. Y ante mí, calmada, la escena detenida de la pequeña playa, telón de fondo de los puestos de venta. Mientras el taxista se introduce entre los pequeños restoranes perseguido por los tenderos que tratan de llevarlo al suyo. Filas de pelícanos en los tejados. Dos invaden el mercado, tratando de robar pescado de un puesto. Una mujer con una escoba, y el pelícano bien plantado.

Malecón de Chorrillos, inmerso en el verde mar. Un lugar reconcentrado, vuelto hacia dentro. Y en el horizonte, botes de pesca, franjas de colores desteñidos, con la cortina aún más lejana de altos edificios en sucesión sobre los acantilados, toda la ciudad allí desplegada, ribeteando por kilómetros el perfil del litoral.

—Listo, maestro. Mire lo que mandó mi casera.

Pero casi no lo escuché diciéndome qué afortunados los de Barranco no teniendo delante de su cortina o su salón con silla de mimbre sino el inmenso mar extendido, mirando cara a cara al mar a intervalos. Aquella extensión de océano sólo con cielo que lo llenaba todo de lado a lado. Por eso corrían por allí los personajes de tantas novelas—de *Historia de Mayta* a *Contarlo todo*—, mejor de noche o de madrugada, con el rumor de las olas. Una resaca que se mezclaba con el frescor de la noche.

Ya no sabía bien a dónde iba. Quería ver todo el mar desde arriba, con una mesa, y un cuaderno y un libro.

—Aquí me bajo.

Despertar, dormir, existir con el mar. Esa vida de azules y verdes infinitos.

UN MUNDO. MUCHOS MUNDOS

Es conocida la frase atribuida a Paul Valéri que reza que existen otros mundos, pero están en éste. Se refiere a la coexistencia de numerosos mundos humanos, aquí y ahora, en nuestro planeta, que ignoramos. O, al menos, eso puede significar. Hay un guiño a la frase en el subtítulo de este libro. La existencia de mundos múltiples, creados por la experiencia humana, con sus propias reglas, sus propias normas, sus propios seres. Mundos que en ocasiones conjuntan la realidad física y la intangible: lo que se ve y lo que, no viéndose, está ahí; lo que no se ve, y que es, muchas veces, aún más real.

Mundos más allá de la certidumbre, con lógicas propias, unidos, a veces, con el nuestro.

Algunos de quienes habitan esos mundos pueden estar en varios de ellos al mismo tiempo, cruzándolos, interconectándolos, pero también creándolos, porque son las personas las que diseñan y configuran, con su hacer y su pensar, los muchos otros mundos del mundo en que vivimos.

Y a veces el viajero también hace ese papel de conector de esos mundos, o incluso un poco de creador, manifestando su especificidad, su *secreto*, cabría decir, con su presencia.

Ciudad de México, junio de 2025

SOBRE EL MATERIAL

Algunos de los relatos de este libro se sustentan en investigaciones de campo que redundaron también en artículos y libros científicos del autor:

«Un árbol en el desierto», *Cuadernos Hispanoamericanos* 833, 2019.

«La palmera de las siete cabezas. Brujas, mitología y un ser vegetal-animal (Cachiche, Ica)», *Boletín de Lima* 211, 2023.

«Peces oceánicos, ciudades luminiscentes y gentiles del cerro La Raya. Visiones de un mundo otro en Túcume (Lambayeque)», *Boletín de Lima*, 2025.

«El árbol de algarrobo (*Prosopis pallida*) en la curación y la brujería de la costa norte del Perú», *Archaeobios* 19, 2024.

"Cerros y halcones en los Andes peruanos", *Cuadernos Hispanoamericanos* 779, 2015.

«El vuelo nocturno de los cerros-pájaro. Ceremonias de llamada a los apus en el sur del Perú», en *Tiempo, espacio y entidades tutelares. Etnografías del pasado en América*, Abya-Yala, 2014.

«La violencia del Estado como *chiaraje* o guerra ritual: una interpretación cosmológica de la lucha del ejército contra los quechuas de Sicuani en el sur del Perú», *Revista Española de Antropología Americana* 41, 2, 2011.

«Panes-hueso, panes-piedra, pan de Día de Muertos. De la ofrenda en el altar a la comensalidad cotidiana con los difuntos en la Sierra de Texcoco», *Estudios de Cultura Náhuatl* 60, 2020.

«Historia del árbol de agua», *Cuadernos Hispanoamericanos* 845, 2020.

«Pejelagartos, cocodrilos y canoas. De los seres del agua bajo el dominio de Ix Bolon entre los mayas chontales de Tabasco», *Anales de Antropología* 52, 2018.

«Tortugas y cocodrilos. Animales acuígenos —creadores de agua— en Mesoamérica», *Revista de Folklore* 481, 2022.

«El viaje del manatí en la cosmología maya chontal de Tabasco», *Revista de Folklore* 513, 2024.

La razzia cósmica: una concepción nahua sobre el clima. Deidades del agua y graniceros en la Sierra de Texcoco, México, Centro de Investigaciones y Estudios Superiores en Antropología Social, Universidad Iberoamericana, 2011.

El cuerpo, el alma, la palabra. Medicina nahua en la Sierra de Texcoco, México, Artes de México, 2020.

«Entre lógicas cinegéticas y agrícolas: el chamanismo nahua en una cosmología de sacrificio», *Journal de la Société des Américanistes* 108, 1, 2022.

«Mundos otros, ciudades sumergidas. Hacia una propuesta de caracterización ontológica de los mundos indígenas de alteridad en Mesoamérica», *Estudios de Cultura Náhuatl* 67, 2024.

«Luz de agua. Una teoría de la electricidad entre los nahuas», *Revista Española de Antropología Americana* 55, 1, 2025.

«Introducción. La etnografía como método y como teoría: epistemología, rupturas, posibilidades», en David Lorente Fernández (coord.), *Etnografía y trabajo de campo. Teorías y prácticas en la investigación antropológica*. México, Centro Francés de Estudios Mexicanos y Centroamericanos, Université de Paris, Ediciones del Lirio.

«Viajes extáticos en el chamanismo machiguenga (Amazonía peruana)», en *Chamanismo y curanderismo: nuevas perspectivas*, Benemérita Universidad Autónoma de Puebla, 2011.

ÍNDICE

Los viajes secretos
de David Lorente Fernández,
compuesto con tipos Montserrat en créditos
y portadillas, y DGP en el resto de las tripas,
maquetado bajo el cuidado de Daniel Vera
y con la aprobación de Raúl Alonso
como editor de mesa de la obra,
se terminó de imprimir
el 19 de agosto de 2025,
Día Internacional de la Fotografía.

LAUS DEO